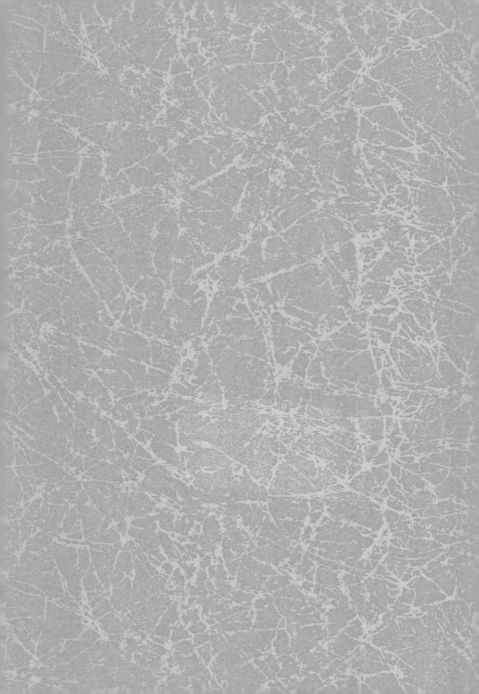

過労死落語を知ってますか

桂　福車 Katsura Fukusya
松井宏員 Matsui Hirokazu

新日本出版社

目次

写真提供＝毎日新聞社

過労死落語を知ってますか

松井宏員

「エンマの願い」開演

「過労死等防止対策推進シンポジウム」（厚生労働省主催）という堅苦しくて長ったらしい名前のシンポの場面から話を始めたい。２０１６年11月11日、グランフロント大阪（大阪市北区）の会議場に登壇したのは、医者や弁護士、大阪労働局の課長や家族を過労死で亡くした遺族たち……。そんな間に挟まって、ご陽気な「草競馬」の出囃子《でばやし》とともに現れたのは、いかにも場違いな黄土色の着物姿の落語家、桂福車《ふくしゃ》さん（56）だった。演じるのは、過労死をテーマにした創作落語「エンマの願い」だ。

過労死と落語。まるでつながらない。深刻な社会問題で笑いを？　それも人の死という悲劇をネタに？　笑っていいのか神妙に聴くべきなのか……。会場の戸惑いを察したかのように、福車さんは「落語と過労死の取り合わせは水と油みたいなもんで、一緒にならんのやないかと思われるでしょうが……」と切り出し、「落語家に過労死はありませんが」と続けて、すかさず笑いを取った。

そんな取り合わせの懸念もなんのその。よくできた噺《はなし》なのだ。舞台は、地獄の閻魔庁《えんまのちょう》。過労自殺した27歳のシステムエンジニアの青年が、極楽行きか地獄送りかの裁きを受けにやってくる。審査役の鬼と青年とのやりとりを軸に、笑いをちりばめながら、過労死の問題点をうまい具合に説明するという筋立て。前年、大きな問題となった電通の新入社員の過労自殺と重なり、福車さんの熱演も相まって、思わず噺にひきこまれていた。

「水と油」のお題を落語に仕立てた小林康二さん（77）は、会場で「18年間の思いが実った」と実感していた。1998年10月、小林さんは「笑工房《しょうこうぼう》」という名の集団を作った。労働や教育、医療などの社会問題をテーマに落語を書く作家と、演じる落語家の集まり。株式会社になっているから、芸能プロダクションと呼べる。

「学者や弁護士の話は難しいねん。難しい話をわかりやすく、しかも深く面白く」。落語にはそんな力があると、小林さんは改めて思う。ことに労働問題は小林さんの得意分野だ。なにせ、個人加盟の全大阪金属産業労組の委員長を25年も務め、数々の争議をたたかって勝利を勝ち取ってきた〝闘士〟である。それが、慰留を振り切って54歳で労組を引き、まったく畑違いの落語作家に転身したのだった。

労組から落語――振れ幅が大きすぎる気がするが……、そのキーワードは「励ましの笑い」だ。笑工房を作った頃、小林さんをインタビューした記事には、「労働落語でヨシモトに挑戦」という大層な見出しが付いた。

もちろん、順風満帆に来たわけではなかった。「笑工房の落語は理屈臭い。笑いが減る」

と敬遠する噺家《はなしか》もいた。月に60本以上も注文が入った時もあったが、景気にも左右されて今は年100本ほどに減った。それでも続けてきたからこそ、「エンマの願い」が世に出た。「落語は、持っていきようで人の胸に訴えかけていくもんを作れる。落語は文学。人間の喜怒哀楽を表現できるんやから」「落語にはこういう使い方もあると道を開いた。笑工房しかできひん。それを確信した」。

こう語る小林さんは「落語で労働運動やってるんですよ」と言う。20年来のコンビで、数々の労働落語をものにしてきた福車さんは、「過労死より難しい題材はないんちゃうかしらん。そやからどんな題材も落語にできる」と自信を見せる。

ところが、シンポの出番前の楽屋で、この2人のやり取りに私は目が点になった。「生真面目で一生懸命働く人が過労死するんです」と語りながら、私を指して「絶対なりまへんやろ」と軽口をたたく福車さんに対して、小林さんが「腹立つわー」と言い出した。この前日、奈良でのシンポでも「エンマの願い」をかけたのだが、小林さんには不満があったようだ。27歳で過労自殺する青年のセリフに「30歳までに結婚して子どもつくって、おかあちゃんを安心させてあげたかった」を加えたかったのだが、福車さんが入れなかったのだ。

着物に着替えながら、福車さんが「要らんと思うねん。かえって焦点ぼやける。あれもこれも入れたらアカンと思う」と返すと、小林さんは「じんわり涙くるよ。確信がある」と譲らず、「入れたくなかったら入れなくていいよ」と語気を強めた。「ほな入れるわ。そこまで言うんやったら」と、けおされた福車さんが譲歩しても、火が付いた小林さんの怒りは収まらない。「ええよ、もう！　なんぼいいセリフ書いても、没にされんねん。芸人と作家のたたかいや。作家も思い込めて書いてんねん」。言葉をたたき付けた。

出番前は一人、目を閉じて精神を集中させ、人を近寄らせないピリピリした雰囲気を放つ落語家もいる。福車さんのように、出番までぺらぺらしゃべりながら、ポイッと高座に上がる落語家もいる。けれど、出番前に落語家にけんかをふっかける落語作家はいない。これから人前に出る演じ手を盛り上げこそすれ、気持ちを乱してどないすんねん……。

威勢のいい高座が持ち味の福車さんが「まあ考えますわ。整理するから」と小林さんをなだめると、ようやく機嫌が直ったようだ。「これは福車の名作になる。ええ落語になってきたなあ」と笑顔で語りかける。「さっきまで、ぼろくそやったのに」と福車さんは苦笑いを浮かべながら、ほっと息をついた。

同じ落語でも、演じる度に微妙に違う。「あれを入れろ」「いや要らん」というやり取りを重ねて、練り上げていくのだ。「しゃべってるうちに、自然に邪魔な言葉は消えていく」

「入れろ」「要らん」の言い合いの末、台本を指して笑顔を見せる小林康二さん（右）と桂福車さん＝大阪市北区で、2016年11月11日、久保玲撮影

と福車さんは言う。しかし、この2人……。

福車さんの言い分。「衝突もするけど、調子いいだけやと長い付き合いにはなりません。僕も頑固やけど、小林さんは僕の言うことが正しいと思てくれたら、変えてくれる。ただ、耳で聞いた感覚と目で読んだ感覚は違う。小林さんは熱心さのあまり、あれも言いたい、これも入れたい……。だから絞りましょうと」。

小林さんの言い分。「福車はネタおろしがピカイチ。のみ込みが早い。安心して新作を任せられる」と、褒めるところは褒める。だが、それだけではない。「この世界、ちょっとでも早く入ったら、兄さんや。だから俺の言うこと聞かへんねん」。54歳で転身した小林さんと、22歳で入門した福車さん。年齢は20ほど小林さんが上だが、芸界でのキャリアは足元にも及ばない。その葛藤というか、いらだちというか、思うに任せないあれやこれやが爆発したのだろう。

小林さんの得意な芸界ネタがある。夕方、街角で人を待っていたら、大師匠と出くわした。この世界では、朝でも夜でもあいさつの言葉は決まっている。「師匠、おはようございます」。そしたら、そばにいた小学生の男の子が母親に「このおっちゃん、アホやで。夕方やのにおはようやて」。すると母親が「仕方ないの。年いったらぼけるんやから」。ぼけてるかどうかは置いといて、周りをハラハラさせながら、言いたいことを言い合ってネタを仕上げていく。それがこのコンビの流儀なのだ。

過労自殺した青年が、現世を見ることができる浄玻璃《じようはり》の鏡を見せられ、見違えるようにやつれた母親の姿に涙する――。ここが福車さん演じる「エンマの願い」のヤマ場だ。浄玻璃の鏡とは、亡者《もうじや》の生前の行いを映し出すという恐ろしい代物で、昔から閻魔庁にあると信じられてきた。地獄行きを逃れようとしてどんなウソをついても、この鏡がある限りはバレて舌を抜かれる羽目になると。仏教の教えにもとづく鏡が、この落語では現実とフィクションの世界をつなぐ道具として演出効果をもたらしている。

ところが、作者の小林さんは「俺は、そんなん聞いたことなかった」と言う。台本の打ち合わせで、福車さんが「浄玻璃の鏡で現世を映し出したら」と発案したのだそうだ。小林さんは「福車に助けられた」と珍しく素直に感謝の気持ちを表す。

その舞台。息子の自殺のショックでやせこけ、髪が真っ白になった母親を浄玻璃の鏡で見た青年が独白する。「30歳までに結婚して子どもつくって、お母ちゃんを安心させようと思ってたのに、こんなことになって、堪忍やで」。

舞台前、小林さんが火が出んばかりの言いようで福車さんに「入れろ」と迫ったのが、このセリフだ。小林さんは遺族の思いをこのセリフに込めた。「エンマの願い」を作るに当たって、遺族が協力した。その一人は2006年、システムエンジニアだった息子を27歳で亡くした。過労によるうつ病で、治療薬を多量服用した末の突然の死だった。死後に見た息子のブログには、こんな言葉がつづられていた。

「今日はおかんと飯食いました。俺が死んだら悲しむんだろうーな」「ふつーに働いて、ふつーに彼女作ろうと努力して、ふつーに生活したいものです」。

そう思いながら死んでしまった息子と、かけがえのない一人息子を奪われた母親。母と子の悔いや悲しみを落語の中で語らせたい——そんな思いが高まって、福車さんにけんか腰で詰め寄ったのだった。

青年のセリフに鬼が涙ぐむ場面で、福車さんがうつむいて言葉に詰まった。

ヤマ場で言葉に詰まり、涙をぬぐう桂福車さん。思いがあふれる。
大阪市北区で、2016 年 11 月 11 日、久保玲撮影

福車さんも小林さんと一緒に、遺族の話を聞いた。そして「会ったこともないけど、悔しかったやろな」と涙ぐむ。感激屋で、激情家。結婚式の司会をしても、打ち合わせで1回しか会っていない新婦の手紙朗読で号泣する、大好きなウルトラセブンの最終回を見る度に泣く、映画「砂の器」も同じ場面で涙がボロボロ……。

そんな福車さんは涙をこらえて、「前のおばはんが泣くさかい」とガラガラ声を張り上げた。それは涙の照れ隠しにも聞こえた。

後日、福車さんは、この場面を一度も泣かずに切り抜けたことはない、と明かした。「ほかのことを考えて気をそらそうとするけど、あかんのです」。

それは「手見せ」でも同じだった。「手見せ」とは、内輪でネタをおろすことをいい、落語作家らが「あそこはもひとつ」「ここはこうしたら」とケチをつける、いや意見を出して改良していく。演じ手にとっては、まことにやりにくい場である。

シンポに先立つ2016年10月17日、大阪市北区の弁護士事務所で開いた「手見せ」に集まったのは、落語作りに協力した「全国過労死を考える家族の会」の代表、寺西笑子《えみこ》さん（68）、事務所の主の岩城穣《いわきゆたか》弁護士（60）ら。改良した「エンマの願い」を普段着で語りながら、やっぱり福車さんは浄玻璃の鏡のくだりで涙ぐんで絶句した。「家族を亡くした人の気持ちに寄り添いたい」という気持ちが、顔見知りの遺族を前にしてあふれたのだろう。福車さんは感情の熱量が豊かなのだ。

その様子をほほえみながら見ている寺西さんは、夫を過労自殺で亡くしている。岩城さんは寺西さんの裁判を担当した。早くから過労死の問題に取り組み、過労死弁護団全国連絡会議事務局次長を務める。家族の会設立を呼び掛けたのもこの人。労働組合の委員長だった小林さんとは、弁護士になったころからの旧知の間柄だ。

ところで、「エンマの願い」のお披露目は9月末、神奈川県小田原市で開かれた過労死弁護団の総会だった。福車さんの熱演もあって反応は上々だったのだが……。あれもこれも詰め込み過ぎて約50分と長くなり、岩城さんらは「欲張り過ぎ」「聴いててしんどい」

と感じた。台本を書いた小林さん自身が「弁護士に受けても一般の人に受けるか」と懸念した。そうして手直しした噺を聴いてもらうため、今回の「手見せ」と相成ったのだった。

役者がそろったところで、「エンマの願い」制作の経緯を説明しておこう。実は、この落語には下敷きがあった。15年前、岩城さんの依頼で小林さんが書いた「エンマの怒り」だ。小林さんの述懐。「落語は笑いの芸。それを人の死で作るて。筆が進まへんねん」。死んだ人を悪くは言えない。どこで笑いを取ったらいいのか……。現実の世界を描いたんではいかん、と思いついたのが上方落語の「地獄八景亡者戯《じごくばっけいもうじゃのたわむれ》」だった。亡き桂米朝さんが得意とした大ネタで、閻魔庁での鬼と亡者の掛け合いが笑いを呼ぶ。現実を離れ、鬼とのやり取りで笑いを取れるのでは、と考えた。「何回も岩城さんと打ち合わせて、書き直し、書き直し、書き直し」。

ネタおろしは２００１年秋、兵庫県宝塚市のホテルで開かれた過労死弁護団の総会だった。遺族として総会に招かれた寺西さんは、身構えていた。この落語を作るにあたって「遺族の立場で話をしてくれ」と岩城さんに頼まれ、小林さんと福車さんに会ったが、「不安と疑惑の目で見てました。すごく抵抗がありました。この深刻な話をどう笑いにするのか、想像がつかなかった。変な笑いにされたくない」と。

前半は噺に入っていけなかった、という。ところが後半、浄玻璃の鏡のくだりでぐっときた。「自分と重ね合わせて、主人もあの世から気に掛けてくれてんのかなあと思うと……」。思わず涙があふれてきた。そしたら高座で福車さんが号泣。岩城さんは「パフォーマンスかと思ったけど、本気で泣いてる。口先でなく、テーマに対する思いをほんとに演じようとしている」と感じ入った。

一人、小林さんは気が気でなかった。客席の後ろから「はよ噺を進めろ」と身ぶりで促すが、涙にくれている福車さんが気付くはずもない。噺はしばらく止まったが、遺族には強い印象を残した。その後の食事会の席で、寺西さんがお礼を言いに行くと、福車さんは「最初は不安で。遺族の方の反応を一番気にしてました」と、ワーワー泣いたという。

寺西さんらが「変な笑いにしたら承知せえへん」と身構えていた、という話を、この「手見せ」の席で初めて聞いた福車さんは、背筋が凍る思いをした。と同時に改めて胸をなで下ろしたのだった。

前作の「エンマの怒り」は遺族の心を捉えたのだが、残念ながら広まらなかった。過労死という重いテーマの落語を注文してくれるのは、家族の会など関係者に限られたからだ。

時を経て、小林さんを改訂に駆り立てたのは、２０１４年11月に施行された過労死等防止対策推進法（過労死防止法）だった。11月を啓発月間と定め、この年から全国各地で過労死シンポジウムが開催されるようになった。ただ、1年目、2年目とシンポに参加して、もどかしさが募った。「家族の会が生活を投げ出して、苦労して法律制定にこぎつけたのに、シンポでは誰も家族の会のたたかいについて触れない」。

小林さんは家族の会の会員でもあり、過労死防止法を求める署名集めに協力、防止法が成立した瞬間は国会の傍聴席にいた。寺西さんたちのたたかいを間近で見てきただけに、「もっと広く知らさないとアカン」との思いを抱いた。それともう一つ、防止法は罰則規定がない。そもそも実効性に疑問符が付く。「だから、この法律を生かすか殺すかは皆さん次第、と訴えたかったんです」。

小林さんから相談を受けた岩城さんは「過労死シンポで上演できるかも」と思った。シンポのプログラムは専門家の講演と遺族の話が定番化しており、肩の力が抜ける文化的な出し物があってもいいと考えていた矢先だったからだ。

岩城さんには強烈な思い出がある。弁護士になって4、5年目に担当した「平岡事件」だ。大阪の機械部品メーカーに勤務していた平岡悟《さとる》さん（当時48歳）が過酷な残業続きの末に過労死した事件で、「カローシ」という言葉が海外にも知られるきっかけとなった。会社は「本人が自主的に働いた」とコメント、要するに「勝手に働いた」と言い放って妻チエ子さん（74）の怒りを呼び、裁判闘争へ。過労死の企業責任を追及する訴訟の先駆けとなった。5年あまりの裁判の末、1994年11月に会社が謝罪し和解金を支払うという内容で和解。遺族の勝利だった。

特筆すべきは支援運動の広がりだ。「学生たちも傍聴に来て、大阪地裁の大法廷がいっぱいになった」という。あれ以来、岩城さんが担当した裁判では「大法廷は使ったことがない」ほどに。そのような中で名古屋のアマチュア劇団が「突然の明日――もう一度だけあなたの声が聞きたい」のタイトルで、平岡さん一家をモデルにした芝居を92年に上演した。「満席になって、それから大阪の雰囲気が変わりました」。岩城弁護士が文化の力は大きい、世論を動かす力がある、と実感した出来事だった。

過労死防止法ができて世間の関心が高まっている今なら、落語の力が生きるかもしれない――。結果的に岩城さんの期待通りとなった。「落語によって、波になって広がっていった。聴いた人は家に帰って話題にするし、普通の集会とは違った広がりがあります」。

鬼が語る労働法

話を「手見せ」に戻す。寺西笑子さんらは「いい落語ができた」「私らの悲しみが多くの人に伝わる」と喜びながらも、注文を付けるのも忘れなかった。落語では、システムエンジニアの青年が過労自殺するのだが、「会社の使用者責任に触れるべきでは」「労働組合の責任もあるよ」など次から次へと。

そもそも、小林康二さんが最初に書いた台本は、家族の会が過労死防止法の成立にこぎつけるまでの活動経過や、法律のことなどを盛り込み過ぎていた。そのため、もう少し短くすっきりさせるために手直ししたのだが……。「そやのに、あれもこれも入れろって。こない要求がきついと、こっちが倒れてしまうわ」。桂福車さんがぼやいたのも無理はない。

〝要求〟がどう反映されたかは後で触れることにして、ここでは寺西さんらに「勉強になるわ」と言わしめた、この落語ならではの場面を紹介しておこう。

――閻魔大王の裁きの前に、鬼の調べを受ける亡者《もうじゃ》たち。その中に自殺した青年がいた。鬼が調べると、労働時間が年間3000時間以上。1カ月80時間の過労死ラインをはるかに超えている。鬼同士の会話。

「これは過労死の疑いがある」

「でも、こいつは自殺やで」

「労働安全衛生法というのがあって、使用者には働く者の安全と健康を確保する義務があんねん。それを怠って死に至らしめたら、自殺であっても責任は会社にあるんや」

「へえー、そうなん」

それだけ働かされたのに残業代はなし。会社には「おまえが仕事が遅くて勝手に残業したから、払う必要がない」と言われた、と青年。「鬼やなあー。あ、鬼はワシか」。ギャグを挟みながら、鬼が青年に過労死に関わる法律用語を説明する。

「『黙示《もくじ》の指示』を知らんのか。上司が『残業してくれ』と指示したら『明示の指示』。それに対して、社員が残って仕事しているのに『残業せずに帰れ』と指示しなかったら、残業を命じたも同じ。これが労働基準法の『黙示の指示』や」

休みをくれと言っても「この日、君に休まれたら業務に支障が出るから」と、一度も休みを取らせてもらえず……と訴える青年に鬼が説く。

「労働基準法第39条に『時季変更権』というのがある。これは『事業の正常な運営が妨げられる場合』に限って従業員の有給休暇の時季を変更できるんやが、『業務に支障』なんて言うてたら、誰も有休なんか取られへん。何か特別な事情の時だけや。たとえば……」。

ここで福車さんは、好きなプロ野球にたとえて解説する。

「阪神タイガースがあと1勝で優勝いう時に、福留選手や鳥谷選手が『よみうりランドに家族連れて行くので休みください』言うたら金本監督、キレるやろ。そういう時だけ認められるんや」（チーム名などは、時々の話題に合わせて変わるが……）。

労働安全衛生法や労働基準法、黙示の指示に時季変更権。普通、落語では出てこない、これ以上ないくらい堅い堅い専門用語のオンパレード。だが、すっと頭に入ってくる。これが小林さんの真骨頂だ。長年、労働運動に携わってきたから、そんじょそこらの弁護士や労働組合よりも労働問題にはくわしいという自負がある。その経験を生かし「理屈くさいことをわかりやすく入れて、笑いと涙を取る」。これが小林流の落語なのだ。

小林さんは語る。「かつて労働運動には文化があった。理性は対立することがあるが、文化は意見の違う人を団結させる。それが文化力なんです」。

閻魔庁を舞台に、過労自殺した青年に鬼が労働法を解説しながら、「エンマの願い」は進む。労働問題にやたらくわしい鬼は、海外の事情にも精通していて、青年にこんなことを言って聞かせる。

「ヨーロッパには『自らの権利を放棄する者は他人の権利を侵害する』という言葉がある。お前が法律違反で働いていると、他の者も労働者としての権利が行使できにくくなるんや」。

自分が我慢すればいい、生意気と思われたくないと残業代も請求せず、有給休暇も取らずに働いていると、同僚も残業代や有休を求めにくくなる。これが「他人の権利の侵害」

ということ。さらに鬼はイタリア憲法36条の条文をそらんじる。「労働者は、各週の休息および有給年次休暇をとる権利を有し、これを放棄することはできない」。

なんとも理屈臭い鬼は、小林さんの〝化身〟である。個人加盟の労働組合の委員長を25年も務めた小林さんは、大きな声でようしゃべる、飲み屋でよく見かける大阪のオッサンだが、案外、国際派なのだ。1980年代半ば、円高とバブル景気による国内の産業空洞化を見越して、学者や弁護士らと調査団を作って東南アジアを視察するなど、約20カ国を訪ねた。

ドイツで労働組合幹部と懇談した時のこと。小林さんが有休の取得率を尋ねたが、通じない。「通訳に『ちゃんと訳してんのか』と言うたら、まあ怒った」。よく聞いてみると、有休は権利として取るのが当たり前。取得率は100%以外にあり得ないというのだ。日本では病気で入院する時に有休を使う、と小林さんが説明すると、「『有休は楽しむものなのに、お前たちはベッドで使うんか』とあきれられた」と述懐する。

そんな経験を通して、小林さんは欧米と日本の労働の概念が根本的に違うことに気付いた。欧米では労働は苦役。だからイタリア憲法に象徴されるように、休日は放棄してはならない権利と位置付けられている。「かたや日本は働くのは美徳。滅私奉公、一生懸命に働くのはいいことだ、と」。

これが戦時中は「お国のために」と愛国心をあおるのに利用され、現代は「会社のために」と長時間労働やサービス残業を受け入れてしまう素地になっている――。そう考える小林さんは、〝化身〟の鬼にこう言わせた。

「まじめに働くのはええことや。けどなあ、命まで会社にささげんでもええねん。過労死や過労自殺というのは、お前みたいに責任感の強い、生真面目な人間が被害に遭うんや」。

遺族に共通の思いは「命より大事な仕事はない」。過労死した夫や子どもを思うと「なぜ気付けなかったのか」「なぜ言ってくれなかったのか」との無念が消えない。その無念を抱えながら、「会社のため、仕事のため」がはびこる日本社会に異を唱え続けている遺族に寄り添うセリフだ。

続く鬼の言葉「それにしても権利意識がなさすぎる」に〝物言い〟を付けたのは、落語の設定とくしくも同じ、システムエンジニアの息子を27歳で亡くした遺族だった。

「息子のせいなの？　それでは息子の立つ瀬がないよ」。

一人息子は激務が続いてうつ病を患い、治療薬を飲み過ぎて２００６年1月26日、死亡した。「息子は、どこからも自分を守る知識を教えられてない。自分を守るすべを知らずに働かされていたんです。そういう社会に変わっていたことを、親として知らなかった」。

この〝物言い〟を受けて、鬼のセリフが付け足された。「こんなこと言うても、学校で労働者の権利について教えてないから、無理もないか」。

作者と演者だけでなく、遺族の思いもくみ上げながら、「エンマの願い」は練り上げられていく。

家族の会のたたかい

過労死の学習会で、桂福車さんがおなじみ「エンマの願い」を語る。「この春、息子が就職してシステムエンジニアになりました。ひとごととは思えません。月収は私より上回ってましたが……」。マクラで笑いをつかみ、噺に入る。閻魔庁で過労死した青年に鬼が懇々と説いて聞かせ、過去と現在を映し出す浄玻璃の鏡で、家族の会の活動を見せる――。

「『働き過ぎで命を奪われたのに、自分で勝手に死んだ』では納得できない。これは労働災害だ』と、雨の日も風の日も街角に立ち、署名を訴える家族の会の姿がありました」。

家族の会は１９９１年11月22日に結成された。毎年、11月23日の勤労感謝の日前後に全国一斉行動を行い、国へ遺族の救済や過労死防止を要請している。こうした活動によって過労死の認定基準は緩和され、認定を求めて立ち上がる家族も増えた。でも過労死はなくならない。過労死を防止する法律が必要では――。

2011年に過労死防止法の制定実行委員会が結成され、遺族たちが先頭に立って署名を集めた。事務局長の岩城弁護士は「目標は10万では少ない、そしたら100万を目標にしようとなった。気の遠くなる数字だった。それが30万集まった時に、世間の雰囲気が変わった。『私、署名した』とか『テレビで見た』と聞こえてくるようになったんです」。約55万の署名が集まって、大きな追い風となった。さらに地方議会で意見書を採択してもらうよう陳情を重ねた。福車さんは家族の会の奮闘ぶりを続ける。

「国連に持ち込んで、過労死の防止を国に勧告してもらおうということになり、家族の会から十数名の代表をジュネーブに派遣します。ところが、このおばさんたち、英語は苦手。通訳を連れていかなあかんことも知らず。しまいには『誰か日本語のわかるおっさんはおらんのかい!』と逆ギレしたりして。でも彼女たちの必死のパッチさ(大阪弁で、必死さの最上級の表現)が通じたんでしょう。国連の社会権規約委員会が日本政府に対し、過労死防止対策の強化を勧告しました」。

13年4月、家族の会代表の寺西さんらが「長時間労働を放置する日本政府が、守るべき労働条件を示す『社会権規約』に反している」と訴え、国連社会権規約委員会が日本政府に対策を講じるよう勧告。過労死防止法実現への大きな一歩となった。

慚はこのあと、青年の母親の一気に老け込み白髪になった姿が浄玻璃の鏡に映され、青年が涙にむせぶ一番の聴かせどころへ差し掛かる。毎度、ここで涙腺が緩む、どころか崩壊する福車さんは、この日もグッとこみあげてくるものをこらえた。

福車さんが語る国連珍道中を、寺西さんは「誇張ですけど」と笑う。

２０１３年４月に国連で訴えることになったきっかけは、寺西さんがふと漏らした一言だった。「国連とかで訴えること、できへんのかなあ」。そうしたら、労働問題などを扱う社会権規約委員会が12年ぶりに開かれ、任意団体でも出席できることがわかった。あらかじめスピーチ原稿を書き、アメリカ人の大学教授に英訳してもらった原稿は持参していたが、「ジュネーブに着いてから、当事者がスピーチすると言われて。私は英語がダメ」。スピーチの時間が限られているから、これでは原稿が長い、削らなければ……。「行くとこ行くとこ、原稿持って。二宮金次郎さんみたいに」。三：を入れて原稿を削り、スピーカーを頼んだメンバーが「英語しゃべれない」と尻込みすると、「しゃべれんでも（原稿は）読めるやろ」とはっぱをかけた。

こうしたてんやわんやのスピーチが通じて、社会権規約委は5月、日本政府に立法措置を含む過労死問題の対策を取るよう勧告。これを受け、6月に「過労死防止基本法の制定を目指す超党派議員連盟」が約60人で結成され、秋の臨時国会での法案提出の機運が高まった。

そんな10月のある日、寺西さんは弁護士からこう告げられた。「（法案提出の）追い込みに東京に常駐するメンバーがほしい」。関西のメンバー1人を誘って上京。月曜から金曜まで、東京・永田町近くのホテルに泊まり込んで、東京の遺族らと朝10時から夕方6時まで議員会館に張り付いた。議連の中心議員の指示で、まずは議連の人数を増やすために入会のお願いに回り、行く先々で次の行き先を教えてもらい……。そのうち「与党（自民、公明）議員が過半数になるように」「中堅から重鎮を」と、ハードルが上がっていった。

「先生は忙しい」と言われたら、「秘書さんと面談させてください」。2、3人がかりで説明し、補足し、やりとりをメモして「先生にお伝えください」と帰り、次の日、また事務所に赴いて「先生にお伝えいただけましたか」。「きのう、先生は帰ってこなかったので」と言われると「ではまた、あした来ます」。粘り腰のかいあって議連は130人に増え、与党議員は過半数に達し、「ノルマは果たしました」。

国会後半、野党はすべて法案提出に賛成したが、肝心の自民党内は議論がなかなか進まず、議連代表世話人の馳浩《はせひろし》議員（自民）を、党内議論の進捗と次回の予定を聞くために追い掛け回すことになる。が、議員会館に行っても留守、多忙で時間も取ってもらえない。「間違いなくいるのは議場だ」と教えられ、国会本会議場の出口で手分けして待ち構え、出てきたら「こっち、こっち、こっちー」と手を挙げて知らせることにした。つかまえたら、腕をつかんで「進んでますか」「次の会合はいつですか」の繰り返し。周りからは「ストーカーちゃうか」と言われたが、「私たちはぶら下がりと言うてました」と寺西さん。そんな東京暮らしは8カ月にも及んだ。

ある時などは、議員会館に戻ったと聞いて部屋へ行くも「面談中」と断られ、出てくるのを待った。部屋から出てきた時に近づこうとしたら秘書にガードされた。寺西さんがとっさに「握手だけでも」と手を差し出し、握手してもらった。なんで握手を求めたのか尋ねたら、寺西さんは「国会議員は握手があいさつだから」と言うのだ。

ようやく自民党にワーキングチームができ、馳議員が事務局長に就いた。13年臨時国会は特定秘密保護法の審議で荒れ、過労死防止法は野党案で上程され継続審議となる。翌14年、自民党内から「過労死調査法」案が出た。しかし、防止を求めているのに、調査では話にならない。文句をぶつけると、馳議員は「家族会でプレゼンしなさい」と機会を与えてくれた。こうして与党もまとまり、通常国会で議連が議員立法として提案。5月23日の衆院厚生労働委員会で急きょ、遺族代表として寺西さんが意見陳述することになった。息子を亡くした遺族の意見も入れて、徹夜で原稿を作った。「2日間で2時間くらいしか寝

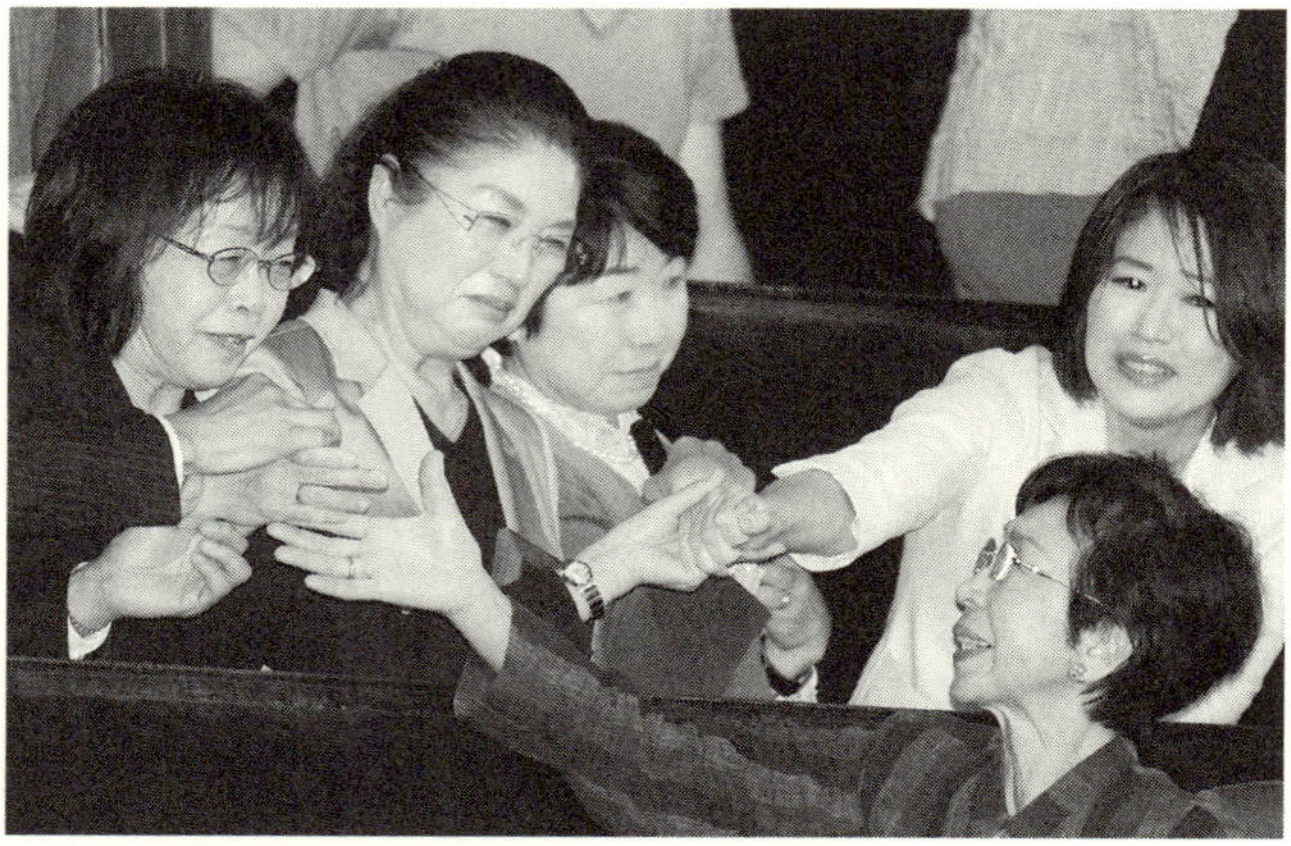

過労死等防止対策推進法案が衆院本会議で可決され、喜びを分かち合う寺西さん（左から２人目）ら「全国過労死を考える家族の会」のメンバー＝国会内で、2014年5月27日、藤井太郎撮影

れなかった。晩ご飯はいいから横になわって」。

5月27日、衆院本会議で全会一致で可決。続いて6月20日、参院本会議でも全会一致で可決され、過労死防止法が成立した。法案成立の瞬間、寺西さんたちは抱き合って涙にむせんだ。喜びの一色だけではない、いろんな色が混じった涙だったに違いない。

遺族たちの奔走が大きな力となって、過労死防止法は２０１４年11月に施行された。過労死や過労自殺の防止対策を国の責任とし、実態の調査研究や相談体制の整備、啓発活動、民間団体の活動の支援――を４本柱とする。長時間労働などの規制は盛り込まれず、実効性を疑問視する向きもあるが、ともあれ過労死という言葉が入った法律が初めてできた意義は大きい。

モーニングコーヒーを供えて

寺西笑子さんは1996年2月、和食チェーン店に勤めていた夫・彰さんを亡くした。過労自殺だった。過労死シンポでは、自らの体験を次のように語る。

——ある日突然、夫を過労自殺で亡くしました。バレンタインデーのチョコレートを渡して、元気のない夫の後ろ姿を見送ったのがこの世の別れになりました。団地の4階から飛び降りて……。夫49歳、私は47歳。製造業の会社から、腕一本で生きていける調理職人に。苦労して調理師免許も取ったけど、その会社は忙しい割に給料は安く、「もっと楽なところに変わったら」と言うと、「忙しさが腕を育ててくれるんや」と言って、しんどさをやりがいに変えて。

1年後、チーフになったが、残業代がつかなくなり、平社員より給料が安くなった。92年に新規開店の大型店の店長に。バブル崩壊後の不景気なのに、右肩上がりのノルマを課され、新規開拓の営業活動までやらされ、1日12〜13時間、年4000時間も働いた。年中無休の店なので休めない。社長からは業績が上がらないと叱責され、人格攻撃までされて、うつ病を発症し、それでも仕事量は減らず、病気は悪化、そして自殺。

社長や上司は夫の枕元で土下座して泣いて謝った。ところがその後、会社に行くと手のひらを返したように態度がひょう変。「店長がかわいそうやった」と言ってくれてた同僚や部下も、本当のことは言ってくれなくなった。弁護士に相談したら「過労自殺は認定基準がない」と言われ、なすすべがない。1年あまり、泣き寝入りしてました――。

京都市の自宅で、寺西さんは当時を振り返ってくれた。

「私も傷ついてるし、強い偏見もありましたから、『なんで言ってくれへんかった』『なんでこんな死に方を』と夫を責めてました。いてもたってもいられない気持ちと、じゃあ何ができるんだ、会社の協力は得られないし……。外に出るのも嫌になって……」。

「強い偏見」とは、自殺を指す。夫の葬儀では、自殺したと言えず「単独事故」と説明した。なぜなら「自殺は、目の前の問題から逃げたと思われるから」。それが寺西さんをもんもんとさせた。「死ぬほどの悩みをなぜ打ち明けてくれなかったのか、私にその価値がなかったのか」と自分を責めた。

それまではママさんバレーなどに活動的だった。「我が家は私でもってると思ってた。『お父さんがいなくても生きていけるからな』と宣言するくらい」。ところが、夫の死で一変した。「自信がなくなって。外にばっかり出掛けていたのに、一人ではどこにも行かなくなった。人に会いたくない、話し掛けられたくない、夫のことを聞かれたらどうしようって」。

そして、ニッコリ笑って付け加えた。

「今の私と違うんです」。

その笑顔にみんな魅せられ、「全国過労死を考える家族の会」代表としてリーダーシップを発揮している。国会議員や官僚相手にも言うべきことを堂々と言う。そんな今の姿から、「自信をなくしていた」という寺西さんは想像できない。

そういえば同じようなセリフを別の遺族からも聞いた。

「みんな、そうなんですよ」と寺西さん。もう一つ、思い出したことがある。「エンマの願い」の「手見せ」で、寺西さんが台本に注文をつけた。家族の会のメンバーを評した「明るいおばちゃんたち」という表現を。「明るい暗いに偏見の言葉。せめて前向きとか元気なおばちゃんたちにして」。

「前向きに、元気にと言い聞かせながら、ツボにくるとみんな涙を流す。遺族はみな、後悔して自分を責めて、泣いて泣いて……。周りから背中を押されてやっと進んでこられたんです」。「明るい」とか「暗い」とかいう先入観で見ないでほしい、深刻な思いは消え

寺西笑子さん（右）は過労死 110 番に電話したことで、岩城穣弁護士と出会い、道を開いていく＝大阪市北区で、松井宏員撮影

去ることがないのだから――。寺西さんの言葉から、そんな気持ちが伝わってきた。

97年、彰さんの一周忌を迎え、会社の人がちらほらお参りに来てくれた。それとなく聞いてみると「店長、大変やった」と漏らす人がいた。自殺の原因は仕事以外にない、と確信した。「それまでは自分がかわいそう、子どもがかわいそう、だったが、段々と主人がかわいそうと思えてきた。何も言わなかったのは、私に心配させたくなかったのかなと」。

もう一回、弁護士に相談して、道がなかったらあきらめよう――。そう思って1年前に相談した弁護士のところに行ったが、答えは同じ。落胆しながらも、別のところにも聞いてみようと「過労死１１０番」に電話した。弁護士らが長時間労働や過労死などの相談に応じる過労死１１０番は、88年に大阪で始まり、全国に広がった。この時、寺西さんの電話を取ったのは、大阪の岩城穣弁護士。20分ほど寺西さんの話を聞いた岩城さんは「もっと詳しく聞きたいので、事務所に来られますか」と誘いかけた。

一人では不安だった寺西さんは、大学生と高校生の2人の息子を伴って、大阪市内の事務所を訪ねた。この時の寺西さんの印象を、岩城さんはこう振り返る。「しっかりした存在感があり、華がある人なのに、前向きになれない印象。でも決して逃げの姿勢ではなく、私が話したことを正面から受け止めてくれる、働きかけがいのある方でした。恐らく、自分の殻を破るエネルギーをふつふつとためていたのかな、と思います」。

岩城さんは、過労自殺（精神疾患）の認定基準がないので国は労災と認めないだろう、でも仕事が原因の自殺は労災と認められるべきだ、と説明した。このころ、第1次電通事件と呼ばれる裁判が進行していた。91年、入社2年目の電通の男性社員が、長時間労働が原因で自殺し、遺族が会社を相手に提訴。96年3月、東京地裁は会社に安全配慮義務違反があったとして、電通に100％の賠償責任を認める判決を出していた（裁判はその後、高裁判決を経て最高裁が高裁に差し戻し、2000年6月、電通が全責任を認める和解が成立）。

「いずれは過労自殺も労災の対象にされなければならない」と考えていた岩城さんは、寺西さんに訴えかけた。「認定基準を作っていかないといけない。一緒にがんばりませんか」。

この言葉が寺西さんの心を動かした。「すごく勇気をもらったんです。労災が認められるならがんばる、認められないならやめとこと思ってたのを恥じました。結果より自分がつかみ取っていくプロセスが大事、夫の死の真実を追究することが大事なんだと気付かされました」。いま、家族の会代表として遺族の相談を受けることが多い寺西さんは、この時の経験から、「裁判で勝てるかな」と聞かれると、「勝ち負けじゃない、自分がやりつくすことに価値があるんだよ」と答える。

寺西さんは労災申請することに決め、そのための証拠集めに動いた。だが、会社は協力を拒み、同僚たちに電話するも会ってもらえず、弱気になる日々を過ごした。ようやく元同僚の協力が得られ、99年3月、労働基準監督署に労災申請した。

このたたかいの中で、寺西さんに「これが宝」と思わせたのが、精神科医による意見書だった。当初は自分の中に「自殺」に対する偏見があった、と言う。「抱えた問題から逃げたと思われる、自殺と知られたくない」と。ところが意見書で、夫は自殺を選んだのではなく、自殺に追い込まれたことがわかり、偏見が払拭された。「うつ病の症状として、死にたいと思うことがわかった。正常な精神じゃなかった。家族に何も言わなかったのは、大切な人に心配をかけたくないという心理が働いたのだ」と。

周囲には自殺ということをひた隠しにし、「なぜ自ら死を選んだ」と彰さんを恨んだ寺西さんだったが、「それは私の知識のなさでした。夫に謝りました」。

しかし、遺族がみな闘うわけではない。ほとんどは泣き寝入りするのが現状だ。厚生労働省のまとめでは、勤務問題を動機の一つとする自殺者は２０１６年に１９７８人を数えた。一方、16年度の労災補償状況によると、過労自殺の労災申請はほぼ一〇分の一の１９８件で、このうち労災認定されたのはさらにその半分以下の84件だ。

「『本人が弱かった』とか『死ぬくらいなら辞めればいいのに』という無理解や心ない言葉で、遺族は２次被害に遭う」と寺西さんは指摘。岩城さんも「遺族自身がショックから精神疾患を発症してしまうことが多い」と言う。

家族の会代表として、国の労働政策についても取材を受け、テレビカメラにも堂々と対応している寺西さんだが、彰さんが亡くなってから４年は取材を受けられなかった。自殺ということを世間におおっぴらにはしたくなかったから、何度も取材の申し入れがあったが、すべて断っていた。「それに、大阪の家族の会には裁判してる人もいたけど、私は裁判なんてとんでもないと、気持ちがついていかなかった」。

ところが、風向きが変わる。京都の労働基準監督署に労災申請した半年後の1999年9月、過労自殺の判断指針が初めて制定された。過労自殺には認定基準がなく、それが労災申請をためらう大きな要因だったのだが、その認定基準ができたのだ。それをきっかけに「勇気を振り絞って、新聞の取材を受けたんです」。名前や顔が出るのはまだまだ抵抗があったので、匿名を条件に受けたのだが、その記事を読んだ寺西さんは「これでは意味がない」と悟った。どこの誰かもわからないのでは、説得力がなかった。「会社の責任を問うには、自分を明らかにしないと。名前も写真も出そう」と決意した。

ちょうどそのころ、寺西さんと同じく夫が過労自殺した京都府内の妻が、テレビの取材を受けていた姿に背中を押されたのもあった。表には絶対に出ないおとなしい人だったから、「私もなりふりかまわず本気を出そうと、刺激になりました」。

その後、なかなか労基署の結論が出ず、時間ばかりが過ぎてじりじりしていた頃、弁護団や支援団体から署名活動の提案があった。「世論の追い風が必要」との判断からだった。「息子に話したら、反対でした。親のことで自分に関心を持たれたくないと」。それでも世間に顔と名前を出し、取材も受けて署名活動すると宣言した。「ずいぶん後悔してきたので、せめてたたかいの中では後悔したくなかったから」。

彰さんの葬儀で、死因を「単独事故」と説明していたので、周囲には交通事故で亡くなったと思っていた人も多かった。「いつか、ちゃんと説明しないと」と思っていたのだが、いざ署名活動を始めたら、自殺を隠していたことを責める声はなかった。

「誰一人、傷つくことを言う人はいなかった。みんな、わかってくれて。世間の人は捨てたもんじゃない、と思いました。自分の中の偏見が壁を作ってたんですよ。運動を通じて自分を知りました」。寺西さんはしみじみと語る。

申請から2年後の2001年3月、署名活動も追い風となり、過労自殺の判断指針にのっとって労基署は労災と認定した。弁護団の岩城弁護士によると、認定に至ったポイントは大きく二つ。①長期間にわたる著しい長時間労働（亡くなる前1年間の労働時間は約4000時間にのぼっていた）②社長による強引な異動（実質的には左遷）——が立証できたからだった。

しかし、これで決着とはいかなかった。会社側の対応が寺西さんを激怒させたのだ。労災認定の結果を会社に送ったその回答は「店長には仕事の裁量があった。会社は命令していない。勝手に働いて勝手に死んだ。だから会社に責任はない」というもの。反省のかけらもない、あまりにひどい内容だった。

「夫は命を奪われ、今度は名誉を傷付けられた」。会社の責任を問うべく2001年6月、会社を相手取って京都地裁に民事裁判を起こす。「裁判なんて……」と消極的だった頃の寺西さんではなかった。

のちに「夫を自殺に追い込んだ張本人と思っていた」という当時の社長も提訴し、二つの裁判を背負った。「勝手に働いて勝手に死んだ」と、血も涙もないコメントをした会社も前社長も、全面的に争った。「自殺を防げなかったのは家族に問題があった」「救えなかったのは家族の責任」などと責任を転嫁し、寺西さんら家族を中傷。前社長は法廷で「私は息子に励まされてきた。彼はそんな親子関係が築けなくて残念です」と言い放った。

裁判となると、家族はこうした攻撃にさらされ、精神的にも大きなダメージを負うことになる。寺西さんは講演で、家族の苦労をこう語った。

「家族には立証責任があります。当事者として奔走する労力、提訴したら財政負担もばかになりません。会社は反論、否定する。心が折れそうになります」。

彰さんは過重なノルマを課され、業績が上がらないといって当時の社長に厳しく当たられ、人格攻撃までされてうつ病になった。揚げ句に左遷を宣告され、自殺に追い込まれた。

「社長と2人の間のハラスメントなので、相手方は死人に口なし、です」。

「過労死は人災です。人ごとではありません。会社に尽くした見返りが過労自殺だったのです」。

会社を提訴してから4年後の２００５年3月、全面勝訴の判決が出た。会社は控訴し、大阪高裁の裁判長が和解を勧告。和解交渉で、会社側は和解調書に盛り込む文言を、「謝罪」ではなく「哀悼の意」とすると主張した。寺西さんは「会社とはもうこれでいい」としながらも、和解の席には代理人の弁護士だけでなく、現社長を出席させて文言以上の態度を見せる、つまり謝罪の言葉を述べることを条件にした。

和解の席には彰さんのお骨を持って行った。裁判長が文言を読み上げ、「双方これでよろしいですね」と確認した時、寺西さんは「よくないです」と申し立て、社長に向き直った。

「20年働いてこんな姿になったんです。一言、声を掛けてやってください」。

現社長は涙を流し、「申し訳ありませんでした」と頭を下げて謝った。その姿を見届けて、寺西さんは「これで一区切りにしよう」と決めた。そして、彰さんに心の中で語りかけた。「お父さん、これでええか?」

その後、前社長との裁判も和解が成立。彰さんの死から10年9カ月がたっていた。

自宅2階の自室には、仏壇に彰さんの遺影が飾られている。遺影の前にコーヒーの入ったカップを置くのが、寺西さんの毎朝の日課だ。彰さんがそうしていたように、少しだけ砂糖を入れて。一緒にコーヒーを飲みながら、彰さんと話す。しんどい時もうれしい時も、こうして彰さんに相談し、喜びと悲しみを分かち合ってきたのだった。

「ケンちゃんの夢」に託す夢

前述したが、過労死防止法は11月を啓発月間と定め、２０１４年から全国で厚生労働省が主催してシンポジウムが開かれている。４年目の17年は、初めて47都道府県すべてで開催された。前年は大阪や奈良、神戸など４会場で桂福車さんが「エンマの願い」を語ったが、18年は愛知、福井など７会場から注文があった。そして、同じ数だけ新作「ケンちゃんの夢」の注文も入った。合わせて14件。前年から10件増だから、大躍進である。

「ケンちゃんの夢」は、２０１５年12月に起きた電通の新入社員、高橋まつりさん（当時24歳）の過労自殺に覚えた小林さんの「怒り」が原動力だった。「これは労働組合の役割と責任について描いた落語なんです。会社はもちろん、労働組合も悪い。労働組合が労働者の安全に真剣だったら、過労死はない」。

電通はこの本の８ページ、36ページでも紹介したように、過去にも社員が過労自殺している。労働基準監督署から、労使協定が守られておらず、長時間労働が野放しになっている法令違反について、是正勧告も受けていた。

「労使協定は、労使間の最高の規範。法律より重い。労組にはそれを守らせる義務がある。電通労組が協定を守らせていれば、まつりさんは死なずに済んだんや」。小林さんの口調が熱を帯びる。

長年、個人加盟の労組の委員長を務めた小林さんは、なにより労働者の安全と健康を重視してたたかってきた。だから、それをないがしろにする労組は許せない。この落語で、労組の責任を問おうとしたのだ。

ここで言う労使協定とは、法定労働時間を超えて残業できる時間を労使で定めた「36協定」を指す。労働基準法36条にあるので、通称「サブロク協定」。この36協定は法定労働時間を超えて労働時間の上限を設定できるため、長時間労働の温床になっているとの指摘がある。現に、上限が月150時間とか200時間に設定されている大企業もあるほどだ。電通の場合は月50時間と比較的短時間だったが、まつりさんは月105時間も働かされていた。小林さんは一電通労組が協定を守らせる取り組みをしていなかったのが、まつりさんを死なせた原因」と憤る。

そうして書いた「ケンちゃんの夢」の粗筋は——。電通ならぬ伝追《でんつい》製薬の研究所の朝礼から始まる。所長が研究の進行状況を聞き、「36協定の月70時間を超えないように、勤務時間は虚偽報告を」とうそぶき、「(新薬に)取り組んだら殺されても放すな」という、まるで電通の「鬼十則」そっくりの社訓を唱える。新薬の研究開発に追われる平田係長は、家では子煩悩な父親。次の日曜にある、息子ケンちゃんの野球の試合を楽しみにしていた。ところが、その前日、帰宅後に倒れて帰らぬ人に。残された妻と娘、ケンちゃんの3人は、労災認定への協力を求めて会社の労組を訪ねる。だが、労組幹部は「時間外労働は協定内。とても労災には……」と会社の言い分を繰り返すばかり。ケンちゃんは思わず「死んだ組合や」と叫ぶ。裁判に訴え、過労死防止法制定を求めて街頭でビラをまき、やがて世論が味方となって勝訴。家族で沖縄に行くのが夢だったケンちゃんは「弁護士になって日本から過労死をなくす」という新しい夢を抱く――。

打ち合わせから「手見せ」まで、この落語ができるまでを見てきたが、まあ一筋縄ではいかない。自信満々だった小林さんが、ダメ出しされて打ちのめされ、うなる姿を何度も見た。それに創作落語は作家が書いた台本通りに演じられるわけではない。落語家が削ったり足したりして手を加え、何度も演じることで練り上げていく。で、その過程で「ここは必要や」と小林さんが念を押した部分が消えてしまうことがあり、小林さんが激怒するわけだ。

過労死シンポでの初演が5日後に迫った2017年11月6日、岩城弁護士事務所での最後の「手見せ」の時もそうだった。事務所に現れた福車さんは、のっけから「今日は小林さんと大げんかするかも」と不穏なことを口にした。ノートに自分で手書きした台本を見ながら語った福車さんの噺は、頭に入って来にくい専門用語や数字を極力削り、場面も減らしてすっきりさせていた。最後はケンちゃんと姉のやりとり。

「僕の夢はな」。

「過労死をゼロにすることやろ」。

「違うがな、沖縄旅行やがな」。

そこに戻るんかい！　と思わずツッコミを入れたくなるサゲに、ガラリと変わっていた。

これに岩城さんや寺西さんから「過労死なくす、の方がいいと思う」と物言いが付いた。

福車「これの方が落語らしい。小林さんのでは落ちてないのよ」。

小林「最後は削るなと線引いてあったのに。これが芸人と作家のたたかいや」。

福車「ケンちゃんが冗談言うてると捉えてほしい。小林さん的にはどう？」。

小林「全然あかんよ」。

苦々《にがにが》しげな表情を隠そうともしない小林さん。「芸人と作家は……」と繰り返し、福車さんに再考を求めた。「なんとか別のサゲを考えますわ」と考え込む福車さんに、「日がありませんな」と小林さんが茶々を入れると、福車さんは「ノルマきつい！」と悲鳴を上げてみせた。

5日後、11月11日の岡山市での過労死シンポの日。福車さんは行きの新幹線から、私の携帯電話にこんなメールをくれた。「これならどうだ!! ってのが出来ました。こう御期待!」

どんなサゲができたのか、期待しながら私も岡山に向かった。小林さんも見守るその高座。所長が遺族を訪ね、「僕が殺したようなもんや。ぜひ証言台に立たせてください」と頭を下げるシーンで、福車さんがしばし沈黙する。涙ながらの熱演だ。裁判で勝訴するラストシーン。途中から遺族に協力し裁判を応援してきた組合幹部が、ケンちゃんに「君の夢はかなったんやな」と語りかける。ケンちゃんは首を振って「僕の夢は沖縄や」と言う。まさか、また沖縄? とがっくりする私の心のうちを見透かしたかのように、福車さんは言葉を継ぐ。「過労死をゼロにするために、みんな手をつないで、大きな輪にならなあかんねん」

なるほど、沖縄と大きな輪を掛けたオチだ。うまい! 会場の反応も上々で、控室に戻った福車さんは「落語らしいオチになった」と満足げ。きのうの夜、思いついたというから、綱渡りもいいところだ。

だが、小林さんは口では「ネタおろしにしては上出来や」と言いながらも、自分が考えたサゲを変えられたのがご不満の様子。「この落語は笑いが取れなくても、メッセージを伝えるのを重視せな」と言うが、そんなことは長い付き合いの福車さんも重々承知のはず。

そう言う小林さん自身が迷走していた。笑福亭松枝《しょうし》さん（67）を交えて打ち合わせを重ね、ようやく台本を書き上げて臨んだ7月の「手見せ」で、寺西さんと岩城さんから〝物言い〟が相次いだ。まず寺西さんは「労働協約の方が就労規則より重みがある、というのは勉強になりました」としながら、「労災と企業責任がごっちゃになってる」と指摘した。労災認定を求める裁判は国を相手の行政訴訟で、企業責任を問うのは民事裁判になる。ただ「裁判」というだけでは、どっちなのかがはっきりしない。それと、冒頭で研究所の所長が新薬開発の進み具合を尋ねるシーンで、「死んだように眠れる睡眠薬」というセリフがあったが、「睡眠薬を飲んで亡くなってる人もいる。私らは笑えない」と遺族の立場でのダメ出しもあった。

岩城さんからは、労働組合の扱いについて注文が付いた。最初の台本では、労組は遺族に協力しない敵役だったが、「最後は遺族と握手させてよ」。この落語を聴いた労組の人たちは重い気持ちになる、勇気を持てるようにしてほしい、という意味だ。「今回のはリアルやから、それだけにハッピーエンドにしてよ」。

腕を組んで聞いていた小林さんは大きなため息をついて、信じられないことを言い出した。「労組と家族の交渉の場面をいっそ削ってしまうか。組合を出さずに、会社の責任だけ問うと」。家族が労災認定への協力を求めて組合幹部と面談し、協力を断られる場面は、その少し前に自分で「ここが山場」と言うてたのに。組合の責任を問うのがテーマやったんちゃうんかい!? 私も含めて全員がのけぞり、口には出さずとも心の中でツッコミを入れた。小林さんもさすがにそれは思いとどまったが、何度も出る大きなため息が袋小路を物語っていた。

その1週間後、祇園祭さなかの京都で、家族の会などが主催する毎年恒例の学習交流会が開かれた。ここで松枝さんが「ケンちゃんの夢」をネタおろしした。会場の反応はまずまずで、小林さんも機嫌良く笑いながら聴いていたのだが……。終演後、家族の会のメンバーから「ストーリーがない」とこきおろされた。ほかの遺族からも厳しい意見が出て、小林さんはまたも書き直しを余儀なくされた。過労死する平田係長が勤めていた研究所の所長が、仏壇に手を合わせ涙ながらに改心し、裁判で遺族側の証人として証言する——と改訂した。

実は、小林さんは「ケンちゃんの夢」を構想した時から、松枝さんに任せるつもりだった。松枝さんも笑工房での付き合いが長い。福車さんと松枝さん、2人の噺家を小林さんはこう評する。「福車さんはのみ込みが早い。ネタおろしはピカイチだから、安心して新作を任せられる。松枝さんは、やってるうちにどんどんいいものにする」。

福車さんは出番前でも軽口をたたいて、そのままポイッと高座に上がっていく。だから、小林さんも出番直前にケンカを吹っかけもするのだが、松枝さんはまったく違う。出番前は一人、目をつむって集中力を高める。さすがの小林さんも「高座の前はぴりぴりしてるから、声掛けへん」と言う。

以前、取材した時に印象的だったシーンがある。高校のPTA総会に招かれ、視聴覚教室にしつらえた即席の高座に上がる前、松枝さんは控室でうつむき加減に目を閉じていた。学校の喧噪《けんそう》が聞こえていたはずなのに、松枝さんの周りだけ静寂に包まれているかのようで、近寄りがたかった。

この時、松枝さんが演じたのは、笑工房の作家・阪野登さん（49）が書いた教育落語「子の心、親知らず」。ある中学で傷害事件や万引きなどが相次ぎ、生活指導の先生が問題を起こした生徒の家庭を訪問する。「世の中、競争」と言って反省の気配もない父親、「息子がやっていないと言う限り、信じますもーん」と砂糖より甘い母親。最後に訪ねた援助交際の女子生徒宅では、父親が酒を飲んでいて、酔いつぶれて寝てしまう。やりきれなくなった先生は、飲めない酒を口に運んでフーッとため息をつく——。

しばしの沈黙。ここで会場の空気がピンと張り詰めた。先生が独白する。「子どもは大人の姿を映す鏡。大人社会がすさんでる証明やと思います」。そして「教師なんか辞めたろか」と繰り返してつぶれてしまう。お母さん方からすすり泣きが漏れるほどの、心を揺さぶられる芸だった。

大阪府貝塚市生まれで、岸和田高校を卒業して六代目松鶴《しょかく》師匠に入門した松枝さんが、笑工房の落語を初めて演じたのは1998年。当時の横山ノック・大阪府知事の財政再建プログラムや介護保険などがテーマで、「こんなんで笑ってくれるんか、需要あんのか」と不安だった、と振り返る。ところが「けっこう笑ってくれて、需要ありました」。そんな笑工房の仕事について「ほかとは違います。なんでここで仕事させてもらうか、考えます」と言う。何を伝えようとするのかが、演者に求められるということだ。

小林さんの作品を手掛けるのは「ケンちゃんの夢」が初めて。何度目かの打ち合わせの時に、松枝さんはこんなことを語った。「手塚治虫さんが『マンガは崇高なことも描ける半面、低俗なことも描ける』とおっしゃってるんです。落語もそうで、やる方が哲学持ってるかどうか。アホやら死ねやら言うて笑い取って、なにが残んねん。想像力がなさすぎる」。

これは小林さんが貫いている哲学でもある。〝「励ましの笑い」が笑工房の落語の最大のテーマだ〟という理念は共通していても、妥協を知らない落語作家と、ただでさえ個性が強い落語家の取り合わせが、すんなりいくわけがない。松枝さんが手を入れた台本に、小林さんが激怒して突き返したことがあった。7月の「手見せ」のあと、居酒屋で焼酎を飲

「ケンちゃんの夢」を演じる笑福亭松枝さん＝京都市左京区で、2017年7月15日、猪飼健史撮影

みながら、松枝さんは「ぼろくそ言われました。使いもんにならんて」と苦笑すれば、隣で小林さんも「師匠も自分の意見、主張してた。自分が感情移入できません、て。それやったら寄席でやれ、言うた」。「寄席で過労死はできません」と松枝さん、また苦笑いしながらも続けた。「誰がなんと言おうと、しゃべるのは私ですから。いろんな思いを束ねてね、できるのが醍醐味ですから。どないでもできます」。ベテランの自信がのぞいた。

そうして臨んだ学習交流会。早めに会場に来ていた松枝さんの姿が楽屋にないので捜したら、交流会が開かれている部屋のすぐ横の、高座が設けられた部屋で1人、腰掛けてうつむいていた。いつものように集中力を高めているのかと思ったが、この日は違った。

隣の部屋では、夫や子どもなど大事な家族を過労死で失った参加者たちが、涙ながらに自身の体験を語っていた。松枝さんは、それにじっと耳を傾けていたのだった。

楽屋に戻った松枝さんは涙ぐんでいた。小林さんに「平気なはず、おまへん。落語できまへんで」と、やるせないといったふうに訴えた。「でもファイト湧いてきました。世の中変えなあかん」。気を取り直すように小道具で足をパパパンパンとたたいて、高座へ向かった。

会場では、ハンカチで目頭を押さえる女性の姿が何人もあった。驚いたことに、終演後、事務連絡のためにマイクの前に立った家族の会代表の寺西さんが突然、声を詰まらせてすすり泣いたのだ。「すいません、最後に涙出てきました」と泣き笑いのような表情を浮かべて弁解したが、松枝さんが「手見せ」した時は、辛口の感想を述べていたはず。後で寺西さんに尋ねると、「松枝さんの噺が終わってから、ボディーブローのようににじわーっと。思い出すんやねえ、防止法成立の時のこととか。いつもはそんなこと、考えてないのに」。

過労死の遺族は自分を責め、「なぜ気付かなかったのか」と後悔を抱き続けている。寺西さんの夫・彰さんは家族に一言もなく自ら命を絶った——それが重くのしかかった。労災認定を勝ち取り、責任を認めない会社を訴えて民事裁判をたたかい、彰さんの名誉回復と真相究明に10年9カ月を要した。そして過労死防止法制定を求めて奔走。走り続けてきた歳月のどこかが、無意識のうちに琴線に触れたのかもしれない。

岡山での福車さんの高座から3日後の11月14日、奈良市での過労死シンポジウムで、松枝さんが「ケンちゃんの夢」を語った。

「次の日曜は、息子の野球大会の決勝戦や」と楽しみにしながら、過労死してしまう平田係長。野球選手という夢をあきらめて、父親の無念を晴らそうと裁判闘争に全力を傾けるケンちゃん。雨の中、ビラを配るケンちゃんに、そっと傘を差し出したのは、協力的ではなかった労働組合の幹部だった――。

小林さんの原作にはなかったこのくだりは、単調になりがちな筋に膨らみを持たせるため、松枝さんが考えた。ケンちゃんと平田係長が会話する家庭での場面は、福車さんは削ったのだが、松枝さんは「この家庭がつぶれてしまったんだと訴えたい」と残した。サゲは小林さんの原作通り、「新しい夢は、弁護士になって日本から過労死をなくすことや」とまとめた。オーバーな演技も交えて会場の受けも良く、松枝さんも「よく笑ってくれた」と満面の笑みを浮かべた。

ところが、小林さんは妥協を知らない。そもそも、松枝さんに任せようと考えていた「ケンちゃんの夢」を福車さんにも回し、さらに桂三風《さんぷう》さん（56）にもやらせるのだから。

一人に任せると、注文が重なった時に断らざるをえない。それと「好き嫌いではなく、良い落語に仕上げてくれた落語家さんに仕事を回す」と、競争心をあおっているのだ。後日、松枝さんに大小取り混ぜて、あれこれダメ出しの手紙を送ったというから、一つの落語を完成させるのはちょっとやそっとではいかない。

さて、奈良のシンポでは平岡チエ子さん（75）＝大阪府藤井寺市＝が登壇し、夫を過労死で亡くした経験を語った。海外に「カローシ」という言葉を知らしめた「平岡事件」（本書18〜19ページ参照）の当事者だ。

平岡さんは、岡山の会場に「この落語が待ちきれんかった」と駆け付けてくれていた。「私の言えなかったことを（落語の中で）言ってくれた。いっぱい、いい言葉があって」と笑顔で福車さんと小林さんをねぎらった。平岡さんは三者三様の「ケンちゃんの夢」を聴いている。その感想は――。福車さんは「元気の良さが良かった」、三風さんは「会場の気持ちが和やかになった」、そして松枝さんは「一番深いと感じた」。この落語には、平岡さんの思いが投影されているのだ。

平岡さんは１９８８年に夫を過労死で亡くし、過労死の企業責任を問う初めての本格的な裁判を起こして、勝利を勝ち取った。小林さんは労組委員長だったころに、平岡さんの

「ケンちゃんの夢」を語り終えた福車さんと話す平岡チエ子さん。
岡山市で、2017年11月11日、松井宏員撮影

裁判闘争を支援した深い縁がある。組合員らを率いて会社に乗り込み、「警察呼ぶぞ」と脅す会社側に「呼べるものなら呼べ！」とけんか腰で応じたこともある。

制作に当たって２０１７年２月、平岡さんの弁護団の一人だった岩城弁護士の事務所で、松枝さんとともに改めて平岡さんの話を聞いた。小林さんはこの落語に熱意をかけたのだが、オーバーヒートしたのか空回り気味で、筋立てが紆余曲折したのは既に述べた通り（44～45ページ）。ただ、平岡さんの思いや、６年のたたかいの中で紡がれた印象的な言葉を柱に据えていて、「30年前に私が言えなかったことを言ってくれた。この落語にはほんとに期待をかけてます」と平岡さんは喜ぶ。

平岡さんの夫・悟さんは、大阪市に本社を置く機械部品メーカーの奈良の工場に勤めていた。1988年3月の1部上場に向けて工場はフル稼働で、班長の悟さんは残業や休日出勤が常態化していた。のちにわかったことだが、2月23日に死亡する前の1年間の拘束時間は4063時間、実労働時間は3663時間に及んだ。365日×24時間で1年は8760時間と計算すれば、どれだけ異常な数字かがわかる。しかも年明けから亡くなるまでの51日間、1日も休みがないという考えられない労働環境に置かれていた。

心配したチエ子さんは「寝坊して休んでくれたら」と、目覚まし時計を止めたこともあった。悟さんは、目を覚ますと慌てて出て行った。全く怒ることがない夫だったが、一度だけ、「こんなに夜勤してると慣れるの？」と聞いた時に「慣れるかい！」と怒られた。当時21歳の長女が、自分の誕生日にピアノコンサートに誘い、夜勤明けの父を待ったが帰ってこなかった。チエ子さんと長女がコンサートから帰ると、ピアノの上に誕生ケーキが置かれていた。その3日後、自宅で倒れ、帰らぬ人となった。48歳だった。

労災認定を求めて労働基準監督署に提出した陳述書に、平岡さんはこう書いた。

「風も吹いていない家の中で、大きな大きなロウソクが、一瞬のうちに何者かに吹き消されたみたいに」。

この言葉は、落語で平田係長が亡くなる時の描写に引用されている。

葬儀で労働組合の委員長が「社業発展のため、身を粉にして尽くしてこられました。労働者のかがみです」と弔辞を述べた。まるで社長のような言いぐさに、平岡さんは「組合の委員長が言う言葉か」と驚いた。その後、労災認定への協力を求めるため会社に電話したが、委員長に代わってもくれない。手紙を出してもなしのつぶてだった。会社はもちろん、労組もまったく協力してくれなかった。平岡さんの怒りは今も消えていない。

「組合の責任を問う」のが、「ケンちゃんの夢」のテーマ。労基署への陳述書で、当時高校3年の長男はこう書いた。

「父は労働組合のある会社で働きたいと、一度就職したのに退職したそうだ。それだけに父さんが期待していた労働組合は死んでいたのが悔しい」。

落語で、労組三役と面談して協力を得られなかったのを悔しがって、ケンちゃんが言う「死んだ組合や」というセリフは、これによる。

２０１８年に創設30年を迎えた「過労死１１０番」に、一番最初に電話したのが平岡さんだった。過労死を考えるシンポジウムの開催を伝える「毎日新聞」の記事を見てシンポに参加し、「過労死１１０番」の開設を知った。平岡さんは、その日を待ちかね、時計とにらめっこしながら、相談開始の午前10時きっかりに電話した。

応対した松丸正弁護士（71）は平岡さんの話を聞いて、過労死への認識が変わったという。その10年前から過労死問題を扱っていたが、「過労死は労働現場の貧困問題で、一般普遍性があるのか」と感じていた。要は「大企業では起こりえない、（悟さんが働いていた）奈良で一、二の大きな工場ではあるはずがない」と。それが覆された事案だった。

この電話から歯車が動き始め、労働基準監督署への労災申請が進んでいく。実は平岡さんは、悟さんの労働環境を案じて労基署の前まで行ったことがあった。だが、中に入ることはできなかった。「労基署に相談に行ったのが会社にばれたら、夫がクビになるんじゃないか」と恐れたからだ。

翌89年、10カ月の交渉の末、労災が認められた。ところが、会社側は新聞やテレビの取材に「本人が自主的に働いた」とコメントした。会社は残業を指示していない、本人が勝手に長時間働いて亡くなったのだ、という無反省で責任を死者にかぶせる態度が、平岡さんに会社の責任を追及する民事裁判を決意させた。

8人の弁護団に加わった岩城弁護士が振り返る。「当時、過労死で企業を訴えることはほとんどなかった。（長時間労働の結果、悟さんが死に至るかもしれないという）予見可能性があるか、すったもんだの議論をしました」。弁護団を突き動かしたのは、平岡さんの怒りだった。

大阪地裁での裁判で、会社側は「長時間労働は本人が残業代欲しさに自ら率先した」

「労働の内容は単純労働で、たいしたものではなかった」などと主張。あまつさえ「本人は酒好きで、帰りに飲んでいた」などと中傷され、平岡さんが思わず机をたたいて、子どもたちに制されたこともあった。

非常識な労働実態も次々明らかになった。法定労働時間を超えて残業できるよう労使が結ぶ「36（サブロク）協定」は1日15時間。丸1日働かせられる内容だった。松丸弁護士によると「年間に休める日数を計算したら、8日か9日しかなかった」という。労務部長は法廷で「青天井」と証言。悟さんの労働時間は合法だったと弁明したのだが、平岡さんは「あれで私だけの怒りではなくなった」と言う。「なんちゅう会社や」「労働組合も労働組合や」という怒りが、傍聴者をはじめとして社会に広がっていった。

裁判所の和解勧告を受け、会社側が絶対にのめない「謝罪」という条件を出した。「裁判を続けて運動を広げようと考えていた」と平岡さんは話す。予想に反して会社側は、和解金5000万円と併せてこの条件をのんで謝罪。94年11月、5年半の裁判闘争は終わった。松丸弁護士は「過労死の損害賠償の道ができていない時に、遺族の歩める道を作った」と裁判の意義を評する。

会社を和解へと追い込んだ一因は、世論の高まりもあった。支援運動が広がり、大阪地裁の大法廷が埋まった。裁判後の交流会には学生の参加者も増えた。平岡事件をモデルにした芝居も上演され、共感を呼んだ。

チエ子さんもピアノ教師の長女と「とうちゃん　たまにはおいでよ　みんなの手作りコンサート」を裁判中の93年に企画した。「大阪府内の労働組合の事務所を一つ一つ回って、へとへとになりましたが、組合員が個人として来てくれて、会場はいっぱい」。悟さんが亡くなる直前にコンサートに誘った長女の思いもあった。手作りコンサートの開催を報じる「毎日新聞」の記事には「天国に響け　私のピアノ」の見出し。その音色もまた、世論を動かす力となった。


平岡さんはあのときを思い返して、「今やったら、あんなに来てくれるほど労働組合は元気かな」と疑問に思う。個人として来場してくれた組合員たちが大勢いた。いま、そんな組合員がどれくらいいるだろうか、と。だからこそ、自らのたたかいをモデルにした「ケンちゃんの夢」にかける期待は大きい。「労働組合が元気になれる落語ができたよって、あちこちで言ってます。組合はこの落語をもっと使ってほしい」。

悟さんの過労死認定にも、その後の企業責任を追及した民事訴訟にも、会社はおろか労働組合もまったく協力してくれなかった。そのため、組合には〝敵〟意識しかない、と平岡さんは言う。同時に「いろんな法律ができても、守ってくれるのは組合。職場改善してくれるのも組合なんです」とも。この言葉には痛切な思いが込められている。夫の組合は守ってくれなかったけど——そんな恨み言が容易に想像できるが、だからこそ組合本来の役割への期待も大きい。

裁判を起こしてから30年がたった。この間、何が変わりましたか?と尋ねた。「36（サブロク）協定について、身近な人と話せるようになりました」との返事が返ってきた。36協定とは残業時間や休日出勤について会社と組合が結ぶ協定のこと。特別条項を設けると、年に6カ月までは上限を何時間にもできる。悟さんの勤務先は実質24時間働かせても合法だった。過労死シンポでの講演で、平岡さんは「36協定、特別条項が憎い。なんとしてもなくしたい」と語るまでになった。

「裁判をしていた時に、パンフレットに36協定のことを載せようとしたら、『誰もわからんからやめとき』と言われました。わからんでもいいから、と載せましたが、36協定について誰にも語れなかったんですよ」と。

新入社員が過労自殺した電通事件をきっかけに36協定がクローズアップされ、「毎日新聞」のサラリーマン川柳に「主婦業も36協定結びたい」という句が載るご時世になった。とはいえ、この30年、平岡さんは社会は大して変化したとは思えないという。過労死、過労自殺は繰り返されているからだ。

最近、平岡さんは近所の人にこんなことを聞かれた。「なんで裁判したん？　労働者は法律で守られてるんとちがうの」。一般の認識もそんなものなのかもしれない。「過労死の認定基準は緩くなったけど、命あるうちに守られるべきことがおろそかになってる」と安心感どころか、危機感を覚えている。

「ケンちゃんの夢」を作るにあたって、小林さんと松枝さんが平岡さんの話を聞いた時のこと。黙って耳を傾けていた松枝さんが、平岡さんに一つだけ尋ねた。「夢にご主人は出てきましたか？」

平岡さんはこう答えた。「出てきました。でも離れた所にいるんです。どうして？って聞くと『死んだことになってる』って」。

落語に直接、反映されなくとも、こういう会話が心理描写であるとか、問題の理解、ひいては噺の深みにつながるのだろう。松枝さんはこう語る。「無念の気持ちを代弁したい。お金もうけだけじゃなく、どうしたら過労死がなくなるのか考えてほしい。私も考えます」。

働き方改革というけれど

２０１８年に入り、寺西笑子さんは足繁く東京へ通うことになった。１月に開会した通常国会で、安倍内閣が目玉と位置づける働き方改革関連法案の審議が始まったからだ。1カ月の残業の上限（繁忙期）を過労死ラインの80時間を超える100時間とし、年収1075万円以上の一部専門職を労働時間規制から外す「高度プロフェッショナル制度」を盛り込んだ法案を、寺西さんたち家族の会は「過労死がなくなるどころか、助長する中身」と強く批判。安倍首相との面会を求めるなど反対運動を展開した。

だが5月25日、衆院厚生労働委員会で強行採決。彰さんの遺影と一緒に傍聴した寺西さんの写真が新聞に載った。しばらく席から動けなかったという寺西さんの、悲しげな表情が印象的だった。その隣で傍聴していた佐戸《さど》恵美子さん（68）は「未和《みわ》は泣いています」と声を震わせた。

NHKの記者だった娘の未和さんは2013年7月、参院選と都議選の取材を担当し、選挙が終わった直後、31歳で亡くなった。長時間労働による過労死との労災認定を受けていたのが公表されたのは、それから4年もたった17年10月。以後、佐戸さんはNHKの責任を問い、未和さんの事実を伝え、過労死の防止を訴えて、各地に講演に出掛けている。

18年2月末、名古屋での講演を聴いた。会場には、笑顔の未和さんの写真が映し出されていた。

恵美子さんは話す。夫守さん（67）の仕事で駐在していたブラジル・サンパウロで未和さんの訃報を受けた。完全帰国直前の13年7月25日のことだった。

「状況も死因も皆目わからず、半狂乱になった私は、主人にひきずられるようにして最短便に乗り、死後4日目の変わり果てた娘に対面しました」。

「娘の遺骨を抱きながら、毎日毎日、娘の後を追って死ぬことばかり考えていました」。

二つの選挙取材に炎天下を駆け回った未和さんは、携帯電話を握ったまま自宅で亡くなっていた。発見したのは、9月に結婚するはずだった婚約者。仕事用のパソコンや携帯電話の記録などから、亡くなる直前の1カ月の時間外労働は209時間、その前月は188時間に達していたことがわかった。労災申請は2014年5月に認定された。選挙取材の末の過労死は明らかだった。

「こんな長時間労働がどうして放置されていたのか、どうしても理解できません。部下の健康と命を守るために、日々の労働時間管理を上司がきっちりやっていれば、未和の過労死は防げたはずです」。

4年間、誰も責任を取らず、社員にも過労死の事実を伏せてきた勤務先への不信が、震える声に色濃くにじむ。

「半身不随でもいい、ただただ生きてさえいてほしかった」。

佐戸さんは目をきつくつむり、言葉を振り絞った。癒えることのない母親の無念と後悔が、聞く者に切なく届いた。

「娘はみなし労働制が適用されていたようで、職場の上司の方は私たちに『記者は個人事業主のようなもの』と何度もおっしゃいました。だから時間管理はしないという上司の意識が、部下の日々の残業時間のチェックもコントロールもしない怠慢につながり、未和は過労死に至ったのではないでしょうか」。

未和さんは東京都庁を担当していた。5人いる担当記者で一番下で、ただ一人の女性だった。

「記者は、それぞれが自己管理という縦割りの考え方が強く、選挙取材中、チーム内で互いに協力し、助け合うこともなかったようです。職場で一番若く、女性の未和が犠牲になりました」。

マスメディアで働く者なら、誰しも思い当たる節があるのではないだろうか。今でこそ働き方の見直しが進められているが、私も〝夜討ち朝駆け〟でかけずり回っていた頃は昼も夜も関係なく働くのが当たり前だったし、つい最近まで、1日何時間働いたかなど意識したこともなかった。休日に働いても代休は取れず（代休がほしいなどと、口が裂けても言えなかった）、それどころか、何日休んでいないとか、何日徹夜したとかが武勇伝ですらあった。自分がそんなだから、人のことを気遣うことなどありはしなかった。

世間とメディアの意識の乖離《かいり》。そんなことを思いながら聴いていた私は、佐戸さんの次の指摘にハッとさせられた。

「娘は亡くなった後、選挙の正確、迅速な当確を打ち出したことにより、選挙報道の声価を高めたとして会社から表彰されました。人の生死に関わるような取材活動に奔走した結果ならともかく、当確を一刻一秒も早く打ち出すために命を落としたかと思うと、私はこみあげてくる怒りを抑えることができません」。

大きな選挙では、他社より早く、多く、当確を打つのが至上命令で、そのために情報を集めて取材を重ね、休日返上、残業は当たり前――。そんな業界の〝常識〟を、佐戸さんは「たかが当確のために」と怒る。私は、業界の常識に染まっている自分に気付くのだ。

「今しかないんです」と連日、審議の傍聴に国会に通い、反対の声を上げていた佐戸さんと、国会から帰った夜、電話で話した。未和さんの死で人生が180度変わったという佐戸さんは「ほかの人に未和の話をしてないと、気が紛れません。未和の生きざまは消しゴムでは消せないんです」と話すのだった。

「未和の場合、(都庁担当で)一番若くて女性が1人だった。担当の党が多く、仕事量が異常に多かったんです。男性ばかりの中で、女性は気遣いを求められるし。未和の財布にタクシーの領収書が入っていて、東京の端から端まで選挙カーを追っかけてた。夏の炎天下に。

1日にとんでもない動き方をしてるんですよ。未和の勤務時間を見た時、体が震えました」。報道に間違いは禁物だが、選挙報道は特に間違いが許されない。それゆえのプレッシャーと緊張が、未和さんにのしかかっていたのは容易に想像できる。肉体的にも精神的にも、限界に達していたのだろう。

「婚約者と笑顔の写真を撮れただけで、私はうれしいんです」。すぐ先にあったはずの結婚、孫の面倒をみるという佐戸さんのささやかな夢……。それらはもはや、かなうことはない。「地獄の苦しみ」と佐戸さんは言う。「生き地獄は、私にとってぜいたくな言葉なんです。命があるんですから。子どもを亡くした親には、時が解決するような時間は流れません」。

こんな悲しみを繰り返さないために。「遺族の沈黙は次の犠牲者を呼ぶ」と声を上げ続ける佐戸さんは、最後に私に「おおいに怠けてくださいね」と言ってくれるのだった。

結局、働き方改革関連法は6月29日の参院本会議で、与党の自民、公明両党に加え、日本維新の会などの賛成多数で成立した。

原点を語る

小林康二さんは2017年秋の過労死シンポジウムで、佐戸恵美子さんの講演を聴いて触発された。「エンマの願い」「ケンちゃんの夢」の2作で過労死落語はこれでおしまいと思っていたが、「3作目を書かなあかん」と作家魂をかき立てられたのだ。小林さんの頭に浮かんだのは、憲法25条だった。

「すべて国民は、健康で文化的な最低限度の生活を営む権利を有する」。

「健康で文化的な最低限度の生活」は、経済的な側面で語られることが多いが、「労働時間が重要ではないのか」と。佐戸さんが語る未和さんの働きぶりには、文化的な生活の概念が全く入る隙間すらないのが気に掛かった。

3作目は「健康で文化的な働き方」を問いかける。新聞記者が過労死するとの設定で、佐戸さんとNHKとのやり取りを参考に、「裁量労働は自分の責任」と言い放って親を怒らせる上司を登場させるつもりだ。

佐戸さんの話から、小林さんが憲法を連想したのにはわけがある。

小林さんは、落語作家のほかに漫談家の顔を持つ。2018年6月10日の日曜、小林さんは大阪府吹田市で開かれた女性たちの集まりで舞台に立った。目がさめるようなレモンイエローのジャケットに黒いソフト帽という、まるで芸人のようないでたち。「阪神タイガースカラーですねん」と笑わせて、まずは会場の空気を温める。

派手な衣装で憲法漫談をする小林康二さん＝大西岳彦撮影

そうして、おもむろに「日本国民は、正当に選挙された国会における代表者を通じて行動し」と、日本国憲法前文をそらんじた。最後にちょっと文言が抜けたのはご愛嬌《あいきょう》。会場から盛大な拍手がわいた。続いて明治憲法下では日清、日露戦争に第1次世界大戦、満州事変、日中戦争に太平洋戦争と戦争が相次いだと説明。自身の戦争体験を語ったあと、「この憲法で、もう戦争はしないと約束したんです」と声を張り上げた。

「ところが2012年に発表された自民党の憲法改正草案には、この前文に全部ありません。9条には国防軍の保持を明記。それだけでなく、至るところに国民の義務、義務、義務」。

今の憲法には国民の義務は勤労、教育、納

税の三つしかない。それが改正草案では「国旗及び国家を尊重しなければならない」「家族は、互いに助け合わなければならない」などなど。そもそも憲法とはなんなのか？　国民に義務を課すものなのか？

自民党の改正草案に危機感を抱いて作った憲法漫談だ。自分がやるつもりはなかったのだが、あてにしていた芸人に逃げられ、やむなく自身で語ることになった。13年前に一度、憲法漫談を作った時、演者に指名した芸人に「前文を覚えんと、この仕事は回さん」と脅したことがある。回り回って今度は自分が必死で覚えるはめになった。「学校行ってる頃から暗記は大の苦手。何回も書いて覚えた」とぼやくことしきりだが、その頃より記憶力は確実に衰えているから、よっぽど苦労したに違いない。そのかいあって、この憲法漫談は全国から年に40本以上の注文が入るヒット作になった（この漫談は『漫談で斬る！自民党改憲案＝これが彼らの本音だ』〈2016年、新日本出版社〉という本にもなっている）。

舞台に戻ろう。「いま問題になっている働き方改革ですが」と、話が展開しはじめる。関連法は成立してしまったが、この時点ではまだ審議中。もう6年目になる憲法漫談だが、「わかりやすく面白く」憲法を知ってもらえるよう、やる度に手を加えてきた。過労死は憲法問題だと思う小林さんは最近、漫談でも過労死問題を語るようになった。

「高度プロフェッショナル制度が通ると、年収1075万円以上の人は何時間働かせてもいいようになる。残業代を払わんのやから、会社は労働時間を把握せんでもいい。日本は労働は美徳の国ですが、ヨーロッパでは苦役、神が与えた罰なんです。高プロが通ってしまうと、統計上は過労死が減りますが、認定されない過労死が増えるんです」。

佐戸さんの話を聞いて、小林さんが新作を書こうと思ったわけがここにある。高プロが通ってしまい、過労死の基準にひっかからない過労死が増える危険が増した。では、25条がいう「健康で文化的な最低限度の生活」とは、どんな生活か？　27条の「賃金、就業時間、休息その他の勤労条件に関する基準は、法律でこれを定める」の就業時間とは、何時間なのか？　こうしたことを、次回作で問おうというのだ。

さて、憲法漫談の方はいよいよ佳境に入ってきた。

「いったい自民党はなに考えてんのか。アベさんに聞きに行った」。思わず会場から「ホンマかいな」という声が漏れた。

自民党の憲法改正草案をやり玉に挙げた憲法漫談は、アベさんに真意をただす掛け合いへ展開する。この辺から、漫談というより落語調になっていく。

――訪ねていったアベさんは、酒に酔って上機嫌。「お世話になった小林さんには内緒で教えましょう」と改憲の狙いを得々としゃべり出す。「平和のためには軍事力と、国民を戦争に動員できる法律が必要。そのための改正」。

小林さんが反論する。「日本は国民が逃げ込める内陸部がない。それに海岸沿いに原発がたくさんあって、ミサイルを撃ち込まれると一切の生物が住めない汚染列島になる。さらに日本は若い人が激減していて、兵力不足で戦争なんかとても無理。日本は平和でしか生きていけないんですよ」。

アベ「兵力不足には名案がある。65歳以上を徴兵する。これで年金財政も安定して一石二鳥」。

客席の65歳以上が大笑い。

アベ「さらに女性も戦場で輝ける社会をつくる。これが真の男女平等社会。所かまわず大声でしゃべる、平気で列に割り込むあつかましい女から戦場へ送る」。

小林「そんなことしたら、大阪からおばちゃんが一人もいなくなるやないか」。

当の大阪のおばちゃんが爆笑。

小林「現憲法に明記されている『公共の福祉』という言葉が、一つもなくなってる。公共の福祉とはみんなの幸せ。国民は誰でも幸せになる権利があるというのが現憲法の精神。なんで削除した？」

アベ「全部、公益、つまり国益に置き換えた。みんなの幸せより国益が大事」。

小林「現憲法13条の『すべて国民は、個人として尊重される』が、『人として尊重される』に変わってる」。

アベ「個人を尊重していたら、いざ戦争という時、国民を統制できないでしょ。だからといって削除したら国民が騒ぐ。だから、蛇やカエルやオタマジャクシと区別して『人として尊重する』とした」。

小林「なにを！『日本国民は』で始まる前文が、改正草案では『日本国は』になってる。個もない、民もない。こんなのは人でなし憲法や！」。

会場から大きな拍手が湧く。最後に思い出したように小林さん、「アベさんとは、皆さんご存じのアベシンゾウさんと違って、私の知り合いのアベカンゾウさんですよ」。やっぱりなあ、という笑いに包まれて幕。

わかりやすく、面白く、どう解説するか。この点に心を砕いて、演じる度に手を加えている。戦争を体験した世代の小林さんは「憲法には特別な思いがあるから」と言う。

主宰する「笑工房」の大阪・十三《じゅうそう》の事務所で、小林さんは語り始めた。

――5歳の時、西淀川《にしよどがわ》の家が焼夷弾《しょういだん》で焼けて、おふくろが僕の手つないで、弟を背中におぶって神崎川《かんざきがわ》へ飛び込んだ。周りみな火ぃやで。手離してたら戦災孤児になってた。西宮の名塩《なじお》に疎開して、農家の納屋で終戦まで暮らした。食べるもんなくて、ひもじかった。そこの息子が2人、ゆでたジャガイモに塩かけて、ふうふういうて食べてて。うまそうやねん。2人がいなくなってから、捨てたジャガイモの皮を拾たら、おふくろに見つかって「こんないやしい子に育てた覚えはない」って、尻をばんばんたたかれた。そのあと、大阪に行ったおふくろが帰ってきて、寝てる僕を起こして「康二《やすじ》、これ食べ」って、黒砂糖を口に入れてくれたなあ。

2カ月したら終戦。おふくろは「康二よかったあ、戦争で死なんで済んだ、これで大阪へ帰れる」って喜んだ――。

終戦の翌年、小学校に上がり、そして中学生になった。希望に燃えていた小林さんを新たな試練が襲った。

――中2の時、父親がアル中で倒れて死んでね。もう自分は高校に行けないと思った。吉川英治のように、学校出てなくても小説家になろうと文学に走った。勉強を捨てて、1冊40円の岩波文庫を買って、授業中も教科書に挟んで読んでた。試験は白紙で出した。どうせ高校行かれへんし。

中学を出たら、おじさんの鉄工所で働いた。そのころ歌声喫茶がはやってて、ロシア民謡を歌ってたら「兄ちゃん、ええ声しとんな」と誘われて歌声サークルに入ったんや。歌うだけでなく、いろんな話もした。あんまり年の変わらん子が、有給休暇とか残業手当とかの話をすんねん。どっか遠い国の話みたいやった。

歌声サークルで一冊の冊子をもらった。「あたらしい憲法のはなし」。1947年の日本国憲法施行の年に、文部省（当時）が発行した中学1年向けの教科書だ。2、3年しか使われなかったから、小林さんは知らなかったのだが、一読して目からうろこが落ちた。

「こんな戦争をして、日本の国はどんな利益があったでしょうか。戦争は人間をほろぼすことです。世の中のよいものをこわすことです」。

「そこでこんどの憲法では、けっして戦争をしないように、二つのことをきめました」。戦力の放棄と戦争の放棄だ。戦力の放棄については、こう説明していた。「けっして心ぼそく思うことはありません。日本は正しいことを、ほかの国よりさきに行ったのです。世の中に、正しいことぐらい強いものはありません」。

空襲警報が発令されたら明かりを消して真っ暗にする、爆弾は音が消えたら近くに落ちる、焼夷《しょうい》弾はヒュルヒュルと音がする――。そんな日々を子どもの頃に経験した小林さんにとって、この憲法は国民を二度とそんな目に遭わせないという約束だと思った。だから「ぼくらは憲法と一緒に歩んできたようなもん」と言う。

「日本はもう二度と戦争しないと、世界に対して誓った。それが当時の全国民の思いだった」。のちに復刻された「あたらしい憲法のはなし」を買って、線を引いては読み込んだ。

それが今はどうか。特定秘密保護法、集団的自衛権を認めた安全保障関連法、国防軍の創設などを盛り込んだ自民党の憲法改正草案——。共に歩んできた憲法を骨抜きにするような安倍政権と自民党の前のめりの姿勢に、小林さんは危機感を覚える。だから、あえて派手な格好で人前に立ち、わかりやすい漫談という形で、自民党の改正草案の危うさを訴えているのだ。

さて、歌声サークルに入って4、5年してからのこと。

——個人加盟の労働組合を作ろうと機運が盛り上がって、24歳の時、専従してくれと頼まれた。自分が組合のない零細会社で働いてたから、未組織労働者のつらさを腹の底からわかってる。組合運動が世の中を変えていくと、ほんまに信じとったから、よっしゃ力貸そと思たな。

文学か労働運動か。あれは一つの決断やった。文学に未練が残らんよう、トルストイ、ドストエフスキー、スタンダール、モーパッサン、漱石、鴎外……本を全部売った。そのお金で椅子付きの勉強机を買うた。それまではちゃぶ台やったから、あれはうれしかったなあ——。

文学の道をあきらめ、労働運動に身を投じた小林さんは、ヤクザとも相対したし、逮捕されたこともあった。激しい闘いを何度もくぐってきた。

1972年、組合員約1000人を率いる全大阪金属産業労組の委員長となり、数々の現場でたたき上げてきた小林さんの組合運動には骨があった。場数が半端なく、弁護士も一目置いた。弁護士になりたてのころ、倒産事件で出会った岩城穣さんは「小林さんが司令塔になって、『おまえら、行くぞー』みたいな。迫力ある弁舌に、かっこいいと思いましたね」と振り返る。

三洋電機のパート争議など、不当解雇の闘いでは負け知らず。と聞いていたから、強気一辺倒のケンカ上手だと思っていた。ところがある時、小林さんはこう漏らした。「しんどい時、苦しい時、逃げたくなる。ホンマは弱い人間やから」。にわかにはうなずけなかったが、自分の弱さを知る人間の方が強いのかもしれない。

小林さんは語気を強めて続けた。「でも、逃げたらアカンと言い聞かせてきた。絶対に困難な闘いから逃げなかった。そやから、小林は嫌いやと言う人はおっても、悪いヤツやと言う人はおらんと思う」。

そんな小林さんが94年、54歳で組合を退職したのは「死ぬまで輝きたいから。それには60歳からどう生きるか」と考えたから。子どもの頃、ラジオにかじりついて聴いた落語を書こうと、シナリオ学校に通った。

創作落語の会で、桂福車さんと出会い、自分が書いた「麻呂と看守」を演じてもらった。組合運動で逮捕され、留置場に入れられた経験をもとに作ったこの噺《はなし》は、お公家の出で、寝たきりの母親がいる男が「自分が帰らないと母親が食事もできない」と泣きつき、周りの応援もあって、いっとき留置場から出してもらう、という人情噺。

98年の改正労働基準法で裁量労働制が拡大された時には、これをテーマに落語を書いてくれないか、と労組から依頼があった。苦心の末に書いたのは「労働法が危ない」。福車さんが演じて思いのほか受けた。「励ましの笑いを作ったら、それなりに注文があるかも。機械や工場も要らん、ファクスと電話があれば始められる」。そう考えた小林さんは福車さんに声を掛け、創作落語を届けるプロダクション「笑工房」を設立。大阪・十三の自宅書斎を事務所代わりに始めた。

落語作家も数人を擁し、作り上げた落語の数々――。

福車さんが演じた「21世紀は組合だ」。小林さんが労組委員長のころ、賃金が安い東南アジアなどへの企業の進出を見て、産業空洞化の懸念を抱き、87年から毎年、学者や労組の役員らと海外視察に赴いた。そうした経験をもとに「ストップ・ザ・失業」の思いを込めて書いた。失業した労働者が、民営化された職業安定所「グッバイ・ホームレス」に相談に。次にヤクザが経営する人材派遣会社「ストップ・ザ・行き倒れ」では、賃金がセリ制。低賃金で日雇い労働を余儀なくされる農民を描いた「怒りの葡萄《ぶどう》」さながらだ。やがてヤクザも団結し「海に沈められるなら、組合作ってがんばろう！」」。

自分で〝名作〟と自賛する「政《まさ》やんのリストラ」。組合のない職場でリストラを通告された政やんが、やけ酒を飲みに行った居酒屋で弁護士に会い、「組合を作って闘え」とアドバイスされる。組合を結成して団体交渉に臨み、リストラを撤回させる——。

笑福亭松枝さん演じる「子の心、親知らず」（阪野登さん作）など、労働問題のみならず教育や子育て、医療・福祉など、さまざまな社会問題を扱ってきた。その一つが過労死問題。昨年（二〇一七年）、小林さんが作り上げた新作「ケンちゃんの夢」の打ち合わせの帰りに、松枝さんがボソッと「敵討《かたきう》ちやな」とつぶやいた。

松枝さんが言う「敵討ち」とは、小林さんの娘婿がパワハラで自殺に追い込まれた一件を指す。

次女佳奈子《かなこ》さん（45）の夫、大野輝民《てるひと》さんは、理学療法士を目指して専門学校に通っていた2013年11月、卒業前の最後の実習を受けていた大阪市内の診療所から失踪《しっそう》。神戸市内の公園で、首をつって亡くなっているのが見つかった。「本当にもう無理」「自分とこれ以上向き合えません」などと走り書きした遺書が残されていた。

小林さんは東京へ講演に赴いていた。講演後、「すぐ電話を」との留守電に気付いて電話し、娘婿の自殺を知った。「なんでや」との思いで頭がいっぱいになった。「なんで一言、おれに相談せんかった」とも。大阪への帰路、心は急いでいるのに足が前に出なかった。後日、その公園に行った。「診療所を出てロープ買って公園へ来てた。缶ビール1本とウイスキーを少し飲んで、日の出見て……。涙出てきた」。

輝民さんは当時39歳。高校を出た後、何度か転職していて、安定した仕事をと理学療法士を志し、36歳で専門学校に入った。成績はトップで、就職先も内定していた。実習先の診療所で、指導役の理学療法士から受けたいじめの実態を記した本人のメモが自宅から見つかり、佳奈子さんは「パワハラが自殺の原因」と確信して、翌年の命日に合わせ専門学校を運営する高寿会《こうじゅかい》と診療所を運営する一裕会《いちゆうかい》の両医療法人を相手取って、大阪地裁に提訴した。

「もやもやしていた気持ちが、裁判に訴えることで、かたき取ってやる、と吹っ切れた」と小林さんは振り返る。膨大なリポートを課され、夜中の2時3時までかかって寝る時間もほとんどなく、ミスを繰り返し責められ、揚げ句に「帰れ」と追い出され、患者の前で面罵《めんば》されて立たされ——。因縁《いんねん》を付けているだけとしか思えないパワハラの実態。真面目な輝民さんが書いたリポートは、看護師さんが感心する内容で、輝民さんを指導した専門学校の先生たちは「理学療法士になるべき人だった」と口をそろえた。真面目ゆえに、後のない年齢でほかの仕事を変わることもできず、追い詰められたのだろうと、小林さんは思う。

松枝さんは何度か裁判を傍聴し、「この裁判は絶対勝たなあきませんで」と小林さんを励まし続けた。「ひどい弱い者いじめで、話を聞いて悔しくて悔しくて。一生懸命頑張ってる人を評価しない。過労死に通じる話だと思いました」と松枝さんは話す。「理不尽に死んでいく人の悲しさと、その死への怒り」を、小林さんも松枝さんも、過労死落語に込めたのだ。

2018年6月28日、大阪地裁は佳奈子さんの訴えを全面的に認め、請求額満額の約6000万円の損害賠償を命じる判決を下した（その後、被告側が控訴）。弁護団も驚く完勝で、松枝さんも参加した報告集会は小林さんの司会で進行し、高橋典明《のりあき》弁護団長は判決を「業界に衝撃の内容であります」と評した。

これでかたきを取りました？　と尋ねると、小林さんは「これで終わりと違う。この判決は大きいけど、まだまだ同じようないじめの相談が続々と来てる。こういうことが起こらない業界にするのが私らの使命」と語る。娘さんたちと、相談窓口を作る計画を進めている。

過労死とのたたかいは、さらにすそ野は広く、さまざまな様相をしている。「まだ過労死という言葉がないころから取り組み、最も大きな成果を挙げている弁護士の一人。負けたら弁護料はもらわないという姿勢で、過労死事件は連戦連勝」。

小林さんがこう評する松丸正弁護士（72）は、自分を「旅する弁護士」という。お盆明けの週初めに大阪弁護士会館で会った松丸さんは、手帳を開いて「今日はこれから新潟、それから東京、富山、岡山に行って、今週は終わりです」と穏やかな笑みを浮かべた。

過労死事件の相談があれば、経費は持ち出しで全国各地を回る。小林さんは以前、青森空港を出て青森市内行きのバス乗り場に行ったら、松丸さんが並んでいて「こんな所まで」と驚いたことがあった。

「地方から声がかかったら、ほっとけないですよ。結果を出せる事件が放置されているから。それに、労災認定については、周りの人が善意で引き留めることもある。大事な人を失って苦しいのに、それ以上苦しいことをしなくても、私たちがなんとかしてあげるから、と。結果、取り組みをちゅうちょする人が多い。地方の遺族は、新聞で報道される遺族とは一致しません。理もれています」。

過労死問題を扱う弁護士も増えた都市部に比べ、地方では遺族らは孤立しがちだ。そうした人たちを救うために、松丸さんは旅をしている。

初めて過労死にであったのは1970年代後半。タクシー運転手が心筋梗塞で亡くなった事案だった。「そのころの労災の認定基準は、死亡の当日、前日の異常な出来事だけ。『過労で死ぬはずがない』と労働基準監督署に笑われました」。ところが、結果は労災認定された。

この時、松丸さんは「過労死は炭坑のカナリアだ」と思った。炭坑夫が炭坑に入る時、昔は有毒ガスを検知するためにカナリアを入れた鳥かごを持った。それと同じで、労働現場を映す鏡なのだと。

30年前、初代事務局長を務めていた大阪過労死問題連絡会が、全国で初めて「過労死110番」を始めた。「それまでは、過労死は労働現場の特殊個別の問題かなと思っていたんです。どれだけ普遍性があるかと。ところが、こっちが驚くほどの反響があった。働き盛りの夫を亡くした妻からの相談がすべてでした」。110番最初の相談が、夫を亡くした平岡チエ子さんで、この裁判で「カローシ」が世界に知られるようになった経緯は、既に紹介した。

松丸さんらの尽力もあって、労災認定率は過労死110番が始まる前の3％から30％を超え、遺族の救済は進んできた。遺族が声を上げて過労死防止法もできた。が、松丸さんは「ここまでやったら終わりというものではない」と言う。

働き方改革を「働かせ方改革」と問題視する松丸さんは、「一番の問題は、改正労働基準法で残業時間の上限規制が決められたこと。救済の道を閉ざすもので、これまでの遺族の営みをないがしろにするもの」と指摘する。上限が規制されたなら、働き過ぎがなくなるように思ってしまうが、上限とされたのは、1カ月の残業が100時間未満。過労死ラインの80時間を超えている。これが上限の壁になって、遺族救済の道を閉ざすことになる。

「本来は労働現場の問題。死なないのは最低限のところで、目指すべきはトータルで人としての生活、健康で文化的な生活のはず」という松丸さんの考えは、小林さんと共通する。労組時代から「過労死は一種の殺人」と訴えてきた小林さんは「労働時間を過労死ラインで決めるんではなく、憲法25条で定める健康で文化的な最低限度の生活を営むには、労働時間はどうあるべきかを考えていかなあかん」と熱を込める。

過労死問題には死ぬまで関わっていく、と小林さんは言う。過労死のない世の中に——遺族、弁護士、そして落語作家と落語家たちの闘いは続く。

（「毎日新聞」大阪本社夕刊二〇一七年五月二〇日～一八年八月二九日付土曜日、34回連載）

桂福車さんを悼む

2018年2月1日、桂福車さんが急逝した。56歳。早すぎる死だった。落語作家と落語家として、プロダクション「笑工房」でコンビを組んできた小林康二さんは、私に訃報を告げる電話の向こうで「一番信頼しとったのに。どうしたらええんか……」とショックを隠しきれない様子だった。

この連載の取材で福車さんとは何度も会い、何度も高座を見たし、何度も酒席を共にした。福車さんが亡くなったとは、今でも信じられない。

その1年前、酒を酌み交わしながら話を聞いた。「小3の頃かな。テレビで東京の落語家の『長短』を見た。1回聴いただけやのに、あくる日、学校でやって受けたんですよ。それが原体験。高校2、3年で真剣に落語家になろうと思た」。

とはいえ落語で生活ができるとは思っていなかった。「今より芸人への目は冷たかった。親に言い出すのも怖かった。郵便局員になったのも、半分カムフラージュいうか。その頃の落語家は大学を出て22～23歳で入門するのが多かった。大学の4年分は余裕あると思た。4年のうちに決めようと。社会人として働いてる方が、世間のことがわかるやろうし、お金もたまる」。

高校を卒業して郵便局に7年ほど勤めていた。その時に労働組合の経験があり、笑工房の落語に生きた。「がんばって組合活動してたわけじゃない。ビラ配りせえ言われてしてたくらい。でも、労働組合はどういうものかというのを経験したのは、笑工房の落語をする上で役に立った」。縁あって桂福団治師匠に入門。あちこちの落語会に出るようになって、郵便局を辞めた。

小林さんとの出会いは、創作落語を作る作家と落語家の会だった。小林さんが労組の委員長から作家に転身した頃。組合活動のあやで自分が留置場に入れられた経験を基に初めて書いた「麻呂と看守」という落語を、演じたのが福車さんだった。「自主公演でよう受けた」と小林さんは言うが、福車さんは「そないおもろいわけではなかった」とにべもない。ただ、こう続けた。「ギャグは演者がなんぼでも放り込める。台本は骨格がちゃんとしてないと。しっかりしたストーリー性がないとアカン。最初から小林さんは骨格がしっかりしてた」。ここで福車さんは、好きな野球で例えた。「投手でいうと速い球投げられんと。コントロールは後から付く。まとまってるのは面白くない」。

そう言えば、福車さんは野球の例えが好きだった。労働基準法の「黙示の指示」（社員が居残っているのに、上司が帰れと指示しなかったら、残業を命じたのと同じ）について、阪神のバース選手が巨人の王貞治監督が持つホームラン55本の日本記録に迫った時のことを引き合いにした。「バースが54本打ってる時に、巨人は江川以外、ストライク1球も投げんかった。王は『敬遠の指示はしてない』。何言うとんねん！　堂々と勝負しなさいと言うべきだった。これが典型」。なるほど、小難しい労働法の用語が、すっと頭に入ってくる。

「この言葉を入れろ」「要らんと思う」とさんざんやり合った小林さんとの関係は、食べ物でこう例えた。「酢豚にパイン入れるか入れないかいう話ですわ。僕は要らん」「パセリ要る？　要らんやんと思うけど、小林さんは『いや、大事や！』」。こうなると、わかったようなわからんような……。

約20年前、新作落語の会で知り合った小林さんと福車さん。小林さんは「笑工房」の設立（1998年）に当たって、真っ先に福車さんに声を掛けた。そのきっかけとなったのが「裁量労働制」だった。

98年に成立した改正労働基準法で、それまで適用が研究者や弁護士など11業種に限定されていたのが、ホワイトカラーにまで拡大された。この改正案に、97年の審議段階から労働者側は「長時間労働や健康への悪影響の恐れがある」と猛反対していた。「高度プロフェッショナル制度」が問題となった今とまったく同じ構図だ。

労働組合の委員長から、早期退職して54歳で落語作家に転身し、腕を磨いていた小林さんに、出版労連から注文が入った。「裁量労働制の拡大をテーマに落語を書いてほしい」と。

「そんな難しいこと書けるか、と思たけど、プロやからできひんとは言われへん。ギャラを吹っかけて、『もういい』となって、やれやれと思てたら、直前になって『やっぱり書いてくれ』。エーッと思たが5日で書いて福車に渡したら、『こんなん、落語になってへん』とぼろくそや。2日徹夜して書き直したのを見せたら『これやったら喜んでやらせてもらう』と褒めてくれた。うれしかったなあ」。

「労働法が危ない」と題したその落語は、裁量労働制の拡大で会社員の残業が増え、病気になるなど大変なことに——という、過労死問題を予見するような筋立て。大阪での出版労連の会合で披露したところ、「ドカーンと受けた」。これが小林さんの落語観を変えた。それまで、おもろい落語を作って余生を楽しもうと思っていたのが、「待てよ。社会派の笑いを作ったら、難しい講演なんかより売れるんちゃうか」。

福車さんは新作ののみ込みが早く、労働組合のことをわかっていた。それに「芸人はギャグにとらわれがちやけど、福車はこの落語で何を伝えなあかんか、ポイントを押さえていた」。良き相棒を得て笑工房ができる。

小林さんが書いた労働落語は、必ず福車さんが演じた。

福車さんはこう語っていた。「あんまり講演聴きたぁないという人に、オブラートに包んで伝える。なんやようわからへんいう人に、笑いながら実は大切なことなんや、今まで知らなさすぎた、と気付いてもらえたら」。そして小林さんについては「熱さを感じて、僕と息が合った。衝突もするけど、調子いいだけやと、長い付き合いにはなりません。福車と小林のコンビは自信あります」。

過労死をテーマにした「エンマの怒り」「エンマの願い」では客席を泣かせたが、高座で自分も必ず泣いた。「お客さんが良くてノリがいいと、よけい泣いちゃう。私の永遠の課題ですわ」と苦笑いしていたものだ。全国過労死を考える家族の会のメンバーとの出会いを「人生において重要な出会い。出会わなかったら、過労死は生涯わからなかった問題。少しは世の中の役に立ててる実感があります」と語っていたのに……。

目を閉じれば、酔いに頬を染めてまくしたてる福車さんの顔が、だみ声と共に浮かんでくる。

桂福車の過労死落語「エンマの願い」

（作・小林康二）

昔から、「病は気から」と申しますが、現代人の病気の多くがストレスから来るそうでございます。しかし、われわれ落語家の世界では、働き過ぎて過労なんて者は一人もおりません。それどころか、「過労」なんて一度も経験しないまま人生を終わるのが100％でございまして、一遍でもええから「ああ、仕事をし過ぎて疲れた」と言うてみたいものでございます。

それでは、われわれ落語家には「疲れ」がないかと申しますと、けっしてそんなことはございません。やはり疲れるのでございます。何で疲れるかと申しますと、「待ち疲れ」です。「次の仕事はいつ来るんやろ?」「今月も赤字や、家のローンどないしよう」と、固定給のない我々は一般の人以上にストレスが溜まるのでございます。

今日は、皆様のストレス解消のために、皆様が一度も行かれたことのない所へご案内致します。どこかと申しますと、「あの世」、いわゆる冥土《めいど》でございます。

人間誰でも、一度はこの世に別れを告げて「あの世」に参りますが、その入り口には閻《えん》魔庁《まのちょう》がございます。ここは、亡者《もうじゃ》の生前の行い、死因を審査しまして、極楽に送るか、それとも地獄かを、閻魔大王がお決めになる関所でございます。

ここ閻魔の庁には、今日も新入りの亡者たちが、列をなしております。午前8時始業ベルと同時に、人相の悪い青鬼が出てまいりまして……。
イヤー、鬼ですから「人相」と違うね、「鬼《おに》そう」、或いは「鬼相《きそう》」とでも言いますか、まあ、なんせ怖ーい顔をした青鬼が1匹。

青「コラコラ、新入りの亡者ども、静かにせえ！　お前たちを地獄に落とすか、天国に昇らせるか、最終的にお決めになるのは無論エンマ大王様であらせられるが、その前に、中級、下級の鬼連中による下調べ、つまり『選別』が行われる。その窓口が、この三途《さんず》の川を渡った向こう岸にあるが、その前に、ゴッ歌斉唱、全員起立。今日からお前たちは国民ではなく、ゴク民じゃから、国家ならぬゴッ歌『君があの世』を起立して斉唱。口パクだけのモンはペナルティーじゃ。よーし、歌い終わったな（聞きたくない者への配慮）。では三途の川の渡し賃をソコへおいて行け。日本人の場合は2万円、つまり福沢諭吉を2枚放り込んで行け。ナニ！　三途の川の渡し賃は六文銭と違うのか？　アホか、いつの時代の話しとんね。一文銭て、そら江戸時代の話やろが。今は諭吉が2枚、そのうち1枚は、つまり半分はワシの取り分となっとるちゅうねん。エー、何を？　高すぎる、ひどいて。アホか、ワシは鬼やど、鬼ちゅうもんは

『人のユキチで身を肥やす』んや」。

亡「それも言うなら、『人の生血と違いますか?』」

青「アホ抜かせ。今の時代は『生血より、諭吉』。生の血いなんかうかうかすすってたら、腹こわす。ようし、渡し賃を払った奴は、その船で川を渡って、向こう岸についたら、何で死んだか、自分の死因を正直に申告すること。ウソをついたら、エンマ様に舌を抜かれるどぉ。アア、ここらは昔のまんま、昔と変わってへんな。

ええか。皆、それぞれ死因によって窓口が違うからな、ガンはガンでも胃がんや肺がん、それぞれ分かれとる。交通事故でも労災認定される通勤災害と、プライベートで死んだんとは窓口が別やから、間違わんよう……。

コラ、そこの若い亡者。お前、なにフラフラしとんねん。また、何やその恰好《かっこう》、そのスン帽子。分かっとらんのか。亡者のひたいにする三角の布切れ。たまには下がってきて、口や鼻にマスクみたいになってる奴は見かけるけど、お前のは何やソレ。腰の所まで落ちとるやないか。まるでストリッパーのバタフライや。それとズタ袋は首から真ぁ下に、こうや。お前みたいに肩から掛けたらあかん。ショルダーバッグと違う。それにお前の持ってるズタ袋。安もん臭いな、縫製が雑やし、アア中国製か、シャバでは繊維関係は中国製が多いからナア。しかし、とうとうこのエンマの庁まで中国製か。これがほんまの『冥土インチャイナ』か。

それに、さっきからウロウロしとるけど、お前何で死んだんや、死因は何や」。

亡「ハア、それが……、その、よう分かりませんねん。病気かと言われたら、まあ、確かに患ってましたし、事故かというと、事故みたいなもんやし……ひょっとしたら自殺したような気もするし……」。

青「頼りない奴ちゃなあ、シャバで仕事は何しとったんや」。

亡「ハア、システムエンジニアーで、母親と二人暮らしの27歳」。

青「フーン、で、自分で死んだときの状況、思い出されへんのか」。

亡「ハア、うちの会社、仕事がきつうてねぇ。過酷なノルマに追い回されて、毎日夜中の2時、3時。時には徹夜して、そのまま会社のソファーで20分だけ寝て、また仕事なんてこともあって、体はクタクタ、頭がボーとして、何がなんやら……。上司からは『早うやらんかい！』とせかされて……、同僚からは『なにしとんねん、あいつ……、無能やな……』と、陰口をたたかれてるような気がして、不眠と食欲不振で、もう会社が嫌でねー、あの日もそうでした。家は出たものの、どうしても会社に足が向かわんと、確か、会社の近くの公園にいてたような……。木にネクタイ引っかけて、首でもつってたんかいなァ……」。

青「ウーン、弱ったなあ、そうや、こういう問題は儂《わし》よりも詳しい赤鬼を呼ぼう、赤鬼を。労働問題といえば、やっぱりアカや、な、赤鬼28号どない思う」。

赤「ウーン、これは過労死の疑いがあるな」。

青「えっ、カロウシって、働き過ぎて倒れてまう。でも、こいつは自殺やと思うで」。

赤「青鬼31号さん、まあ、あんたは素人やさかい、知らんはなあ。シャバの法律にあるねん。労働安全衛生法いうてな、働く者の安全と健康を確保する義務が使用者にはあるんや。ソレを怠って死に至らしめたら、例え自殺であっても、その責任は会社にあるねん」。

青「へえー、そうなん」。

赤「よし、この赤鬼28号が、シャバでのお前の記録を全部調べたるわ……。やっぱりなあ、年間労働時間が3000時間をはるかに超えてる。1カ月80時間の過労死ライン超えとる……。けど、何やこれ。給料こんだけか。残業代ついてないのんちゃうか」。

亡「ええ、『残業代ついてませんけど……』。言いに行ったら、……、『これはお前が仕事が遅いから、時間内に終わらんと勝手にした残業や。会社が命じてないから、払う必要ない』いうて」。

青「ひどい話やな。まるで鬼やなー。あ、鬼はワシか。けどひどいなぁ。お前『黙示の指示』知らんのか？」。

亡「なんです、モグリのすし屋？」

青「違うがなあ、モクジのシジや。ええか『今日残業してくれ』と、上司が口頭か文書で伝えた場合、これはハッキリしてるわな。明らかに指示しとるさかい、『明示の指示』や。『黙示の指示』というのは、例えばや、どう考えても、時間内に終わるはずのない仕事があって、ソレを社員がのこって最後までやり遂げた。上司はそれを見て見ぬふりをしてても、『残業せずに帰れ』と指示しなかったら、それは残業を命じたも同じ。これが労働基準法の『黙示の指示』や。もうちょっとシャバの法律を勉強しとけよ、勉強を。それにや、何でこないボロボロになるまで。有給休暇も有るやろ」。

亡「ハア、何回か『休みください』と言いに行ったんですが、『この日、君に休まれると業務に支障が出るから、他の日に換えてくれ』言われて。又、別の日に行ったら、『業務に支障……』言われて。結局、入社以来一遍も有給休暇は取らしてもらえませんでした」。

青「鬼やなー。あ、鬼はわしか。アホやなあ、労働基準法第39条には使用者にも『時季変更権』という権利が確かにある。それはな、『事業の正常な運営が妨げられる場合』にのみ限定されとんねん。『業務に支障が出るから……』言うて、そんなこと言うてたら、誰一人として有給休暇は取られへんがな。人間一人休んだら、業務に何らかの支障が出るのは当たり前、『あいつ休んでも、何にも支障がなかった』では、そいつは元々仕事してへん、ちゅうことになるやろが。『別の日に換える』なんてのは、何か特殊な事情の時だけや。その日に休まれたら、何千万円、何億円の商談がご破算になるとか……、会社の経営基盤を揺るがしかねんような場合や。例えば、日ハムがあと1勝で優勝という時に、大谷と中田の二人が『今日はディズニーランドに行きますから、有給ください』いうたら、栗山監督切れるやろ。『時季変更権』は、そういう時にだけ、会社は許されるんや」。

亡「そうなんですか。知りませんでした」。

青「お前なあ。そら、まじめに働くことはエエことや、悪いこっちゃない。けどなぁ、命まで会社に捧げんでもエエねん。しかし、過労死、過労自殺なんてのは、お前みたいに、責任感の強い、生真面目で優しい人間が被害にあうんやけど、それにしても権利意識がなさすぎる。ええか、よう聞けよ。ヨーロッパには『自らの権利を放棄する者は、他人の権利を侵害する』という格言がある。お前が法律違反で働いていると、他の者も労働者としての権利が行使できにくい。そやろ。しかしなあ、お前にこんなこと言うても、学校で労働者の権利について教えてないから、無理もないか。

ようし、ジャバで過労死を無くすために頑張ってる人らの姿、見せたるから、これを見てちょっと考えてみろ。『浄玻璃《じょうはり》の鏡《かがみ》をこれへ』」。

ここ、エンマの庁には『浄玻璃の鏡』ともうしまして、シャバの過去と現在を写し出す鏡がございます。

夫や息子・娘を過労死で失った家族は、それだけでも辛いのに、会社側に過労死と認めさせることは難しく、証拠をそろえろと言われても、同僚は口をつぐむし、企業側のガードが固く、逆に、心ない誹謗《ひぼう》や中傷をうけることすら多々あり、家族は二重の苦しみを抱えて過労死の認定闘争と過労死を出さない社会をめざして闘うのでございます。

浄玻璃の鏡には、女性を中心にしたあるグループの姿が……。

「働き過ぎて命を奪われたのに、自分で勝手に死んだでは納得できない。これは労働災害だ」と、雨の日も、風の日も、雪が舞う凍てつく冬の日、酷暑猛暑の夏の日も、街角に立ち「署名をお願いします。お願いし……」と、声を限りに訴え続ける「過労死家族の会」の姿がありました。

こうした家族の会の地道な、そして血のにじむような運動により、少しずつですが世間も変わってきます。泣き寝入りしていた家族も少しずつ認定を求めて立ち上がり、過労死認定基準は少しずつ改善されますが、過労死そのものは無くなりません。そこで家族の会は「過労死を出さない法律の制定」の相談をします。

Ａ「会長、寺東のり子会長、私に名案がございます」。

寺「名案て、どんな案です」。

Ａ「国会議員の先生方に、私たちの運動が注目してもらえるように、我々全員が、国民的アイドルＡＫＢ48みたいな、お揃いのミニスカートと衣装で、歌って、踊って、訴えてみるのは……」。

寺「あんた、ＡＫＢ48の子らと、歳いくつ違うか考えてや。それではＡＫＢやなしに、ＯＢＫ、お化けやと、言われかねませんがな」……。

アアだ、こうだと、喧々諤々《けんけんがくがく》しますが、相談の結果、日本政府は国民の声は無視するが、外国の圧力には弱いという伝統がございます。そこで、国連に持ち込んで国連から過労死防止の法律制定へ圧力をということになります。これがまた、タイミングよく、何年かに一度という「国連の人権に関する委員会」がありまして、そこから日本政府に「過労死防止勧告」をしてもらおうということになり、家族の会から寺東のり子会長を先頭に、十数名の代表をスイスのジュネーブに派遣しますが、もちろん、通訳を雇うお金などございません。と言うか、通訳を自分で連れて行かなアカンてなことすら、知らなかったもので。

寺「マイネームイズ・寺東のり子と申しまーす。オオ、サンキュー。ワタクシタチハ、アー、ジャパニーズ過労死ファミリー。ＯＫ？　アー、ロングロングワーク、ベリーロングワーク、バタンキュー、アウト。何です？　ちょっとも分かりまへんて、あんた大阪弁喋ってるがな……。要するに、ロングロングワーク、バタンキューアウト。勧告プリーズ。何です？　テポドン、と違う。それは韓国と北朝鮮の核問題。誰か日本語の分かるおっさんおらんのか……」。

英語の能力はたいしてございませんが家族の情熱・必死の訴えは言葉の壁を乗り越え、国境を越えて人々の心を動かし、なりふり構わぬ運動が実を結び、２０１３年に国連の「社会権規約委員会」が日本政府に対し、過労死防止対策の強化を勧告いたしました。

青「どうじゃ、残された家族が随分苦労しとるんじゃ。ナア、確かに命を落としたお前が一番不幸やとは思うが、何で死ぬまで、そんなに働かなあかんねん」。

亡「はい、うちは母一人子一人やったんで、頑張って早う出世して、母親に楽させてやりたいと思って……」。

青「お前、ほんまに親孝行な息子なんやな。けど、一人息子のお前が先にこんな所へ来てしもうて何の親孝行や……。ようし、お前の母親の今の姿を見せてやろう。

（浄玻璃の鏡で福車はそのときどきの社会問題をアドリブで演じ、笑いをとります。福車が何を写し出すかはその時でないと分かりません）

ほれ、お前のお母さんや、よう見てみい」。

亡「エッ、赤鬼さん、これうちの母親と違いますよ。まだ50代でこんな白髪のおばさん。うちの母親はもっと小太りで、こんなガリガリに痩せてへんし……」。

青「イヤ、間違いない。よう見てみい。これ、お前の家やろが」。

亡「アッ!、間違いない。確かに、この部屋、アー、お母ちゃんや。何で、何で、こんな髪の毛が真っ白に」。

青「お前ら亡者には、時間が分からんやろうなぁ、お前はあの世には新入りやけど、シャバでは49日たっとんねん。ナア、大事な一人息子のお前が、こんなことになって、食事もろくに喉に通らん。そやから、わずかひと月余りの間にゲソーと痩せて、頭もあれだけ白なったんや」。

亡「お母ちゃん、ごめん。アホやったな、オレ。お母ちゃんが「今日はお前の好きな肉じゃがと、わかめの味噌汁、つくってるから」と……。先立つ不孝をお許し下さい。お母ちゃん、僕、ほんとは死にたいことなかってん。30までには結婚して、子どもぎょうさん作って、お母ちゃん安心させよう思って、実は交際してる人もいててん。それがこんなことになって、お母ちゃん堪忍やで。こんな身勝手やけど、僕の願い、聞いてほしい。お母ちゃん、僕の分まで長生きしてや。な、お願いやで、お願いやで」。

青「お前、ほんまに優しい奴やなあ。何、赤鬼さんが横で泣いてる。そら鬼の目にも涙や。お前な、ちょっと済まんけど、何か来年の話してくれるか。何でて、来年の話したら鬼が笑うさかい」。

（突然大きな音で、ゴットファーザーの音楽にのせて、エンマ大王が登場）

エ「オイ、青鬼31号よ」。

青「ああ、これはエンマ大王様」。

エ「一部始終見ておった。その亡者は上に行かせてやれ。この男は鬼のような経営者によって、すでにシャバで地獄を見た。疲れ切った体を極楽でゆっくり休ませてやるがよい」。

青「ハハー、本人もさぞや喜ぶものと思います」。

エ「ところで、赤鬼、この母親を元気づけるために、お前シャバに行って、『過労死家族の会』に入るように勧めてくれんか。あの連中は、いつも前向きで、なぜかいつも明るい、家族の会に入れば、きっと元気になる」。

青「エー、すぐにですか。私、明日からヨメはんと子ども達れてユニバーサルスタジオジャパンに行こう思て、有給休暇を申請してますねん」。

エ「イヤー、それは困る。明日、君に休まれると業務に支障がでるから、他の日に換えてくれるか」。

青「そんなアホな。それやったらシャバのブラック企業と一緒でっせ」。

エ「冗談、冗談。ここエンマの庁では、ジャバのような無茶なことはさせん。有給休暇は鬼の当然の権利。自由にとって構わん。黙示の指示にも残業手当は払う。法律は守るためにあるのだ。それと、このままでは、増えるであろう過労死専門の窓口に、赤鬼28号、青鬼31号、お前たちを任命する」。

それから、○○か月、エンマ大王が過労死の窓口をのぞいてみますと、シャバから来た過労死の亡者で窓口は長蛇の列ですが、青鬼も、赤鬼もいません。

エ「おい、赤鬼、青鬼。あいつら亡者をほったらかしにして、どこへ行きよった。あれ、こんな所に青鬼が倒れてる。何、これは青鬼と違う、赤鬼です。青い顔してるやないか。何、赤鬼が仕事に追われて、真っ青になって倒れた。横にいてる黄色の鬼、これはどこの鬼や。何、青鬼が、激務から黄疸《おうだん》を患って、黄色になった。酒落にもならんがな。すると何か、シャバに行って母親に『過労死家族の会』に入会の話に、誰も行ってないのか。仕方がない。こうなったら、岩鬼を呼べ、岩鬼を」

岩「大王様、この岩鬼に、何か御用でしょうか」。

エ「おう、来てくれたか。岩鬼、お前すまんがシャバに行って、若い亡者の母親に、泣いてばかりでは、何時までたっても、あなたの息子さんや、あなたのような不幸な人が増えるばかり。『家族の会』に入って、お母さんも頑張れと、忠告してくれ。但し、鬼の正体がばれるとまずいから、岩鬼に似たような名前――、そうじゃ過労死弁護団の岩城です、とでも言っておけ。それと、岩鬼、お前一匹では日本中は無理であろう。お前の友達の鬼を全国各地に派遣して、過労死弁護団全国連絡会を名乗って、家族の応援をさせるのじゃ。分かったな」。

こんなわけで、今「過労死弁護団」と名乗っている弁護士、そのほとんどが実は鬼でございます。この鬼はあくどい使用者の血しか吸いませんから、ご安心ください。

こうして、「過労死家族の会」や過労死弁護団の努力もあって、ついに2014年に過労死防止法が超党派議員立法として成立し、毎年11月には過労死防止シンポジウムが開かれることになりました。

この一部始終をエンマの庁からご覧になっていた、エンマ大王は、

「どんな立派な法律ができても、それを生かさなければ、法律は無いのと同じ。この法律を生かすか殺すか、それは命の大切さを国民一人ひとりが、真剣に考えるか否かにかかっている。それに、過労死するほど働く真面目で、責任感の強い社員を失うことは、会社にとっても、重大な損失であることを、使用者もしっかり認識しなければならない。

この法律制定は、ゴールではなく、新たなステージへのスタートである。日本国民が力

を合わせて実行することを、わしは心から願っておるぞ」と、国民へのメッセージを発せられたのでございます。

その後、国民挙げての取組が実り、２０XX年、ついに過労死ゼロを達成します。

その日、漆黒の夜空に冥土から届いた「皆さんありがとう」の文字が、燦然《さんぜん》と輝いていたそうでございます。

落語を通じて伝えたい「過労死防止」の大切さ

桂　福車

落語作家との出会いをきっかけに

――過労死防止を呼びかける創作落語（過労死防止落語）を演じ始めたきっかけをお聞かせ下さい。

福車　今から二十数年前、落語作家である小林康二さんとの出会いから始まりました。労働組合の専従役員を30年以上務めた小林さんは、定年まで5年を残して退職し、これまでの経験とはまったく別世界の落語作家へと転身しました。その小林さんが、組合活動をやっていた頃の知人から、当時問題となっていた労働基準法改正を扱った落語の創作を依頼され、演者に私を選んだのです。実は落語の世界に入る前に郵便局の職員をしていた時期が少しあり、そのとき労働組合を経験していたことから、演目の内容への理解が早かったことが、選ばれた理由でしょう。

この落語が想像していた以上に評判がよく、新聞でも紹介されました。

そこで、1998年に小林さんは社会派の笑いを創造する笑集団「笑工房《しょうこうぼう》」を設立し、私も当初から一緒にやってきました。

そんなとき、過労死弁護団全国連絡会議事務局次長を務める岩城穣《いわきゆたか》弁護士から、全国総会で、過労死を扱った落語を演じてもらえないかという依頼が入りました。そうして生まれたのが、最初の過労死防止落語「エンマの怒り」です。

――「エンマの怒り」とは、どのような内容でしょうか？

福車　落語は笑いがベースにあります。過労死のような重たく深刻なテーマを落語として扱えるのか、これは非常に難しいと思いました。人の死を現実世界の話で描くと生々しくなってしまうからです。そこで、作家の小林さんが上方落語「地獄八景亡者戯《じごくばっけいもうじゃのたわむれ》」をヒントに、極楽か地獄かの行き先を決める閻魔庁《えんまのちょう》での鬼と亡者《もうじゃ》の掛け合いに笑いを挟みながら、過労死の問題をわかりやすく伝える落語を創作しました。過労自殺した青年と、審査役の鬼とのやり取りを中心に物語が展開していきます。

――実際に演じてみていかがでしたか？

福車　演じる前までは、観ておられる過労死の遺族の皆さんは、「亡くなった身内を笑いものにしたら許さない」と身構えているという状態でした。ところが、演じ終わったときには、皆さん、私の手を取って感激してくださったのです。落語というのは、使い道によっては社会の役に立つものだと改めて実感しました。
この「エンマの怒り」はよい落語に仕上がり、遺族の皆さんからの評価は高かったのですが、それ以外の場所へはあまり広がりませんでした。そこから時を経て転機になったのが、2014年11月の過労死等防止対策推進法の施行でした。毎年11月を啓発月間とし、全国各地で過労死等防止対策推進シンポジウムが開催されるようになりました。そこで再び、過労死弁護団全国連絡会議の岩城弁護士から過労死防止落語の依頼があり、「エンマの怒り」を手直しして「エンマの願い」をつくったのです。

過労死への世間の認識に変化が

——「エンマの怒り」と「エンマの願い」の違いを教えてください。

福車　半分以上は同じですが、最も異なるところは、両作の間に過労死等防止対策推進法が制定されたことです。
「エンマの怒り」は、鬼が亡者の話を聞いて、ひどい労働環境に怒るという噺《はなし》でしたが、それに加えて、過労死等防止対策推進法ができるまでの「全国過労死を考える家族の会」

の血のにじむような努力も伝えていかなくてはいけないと思いました。そして、この推進法がどういう意味を持ってつくられたものなのかを入れ込み、家族の会による「過労死ゼロの世の中を願って」という思いを反映してつくり直したのが「エンマの願い」です。

――過労死等防止対策推進法の効果については、どのように評価していますか？

福車　過労死等防止対策推進法には罰則規定がありませんので、実効性を疑問視する声もありました。しかし、法律が施行されてからは、行政が過労死問題に取り組みやすくなり、その姿勢が変わったという印象を受けています。

世間の過労死に対する認識も急速に変化してきたと感じています。たとえば、最初に過労死防止落語を演じたときは、「過労死は働きすぎにより倒れて命を落とす」というだけの認識でしたが、今は過酷な勤務状態を原因とする自殺も過労死に含まれるようになりました。落語の中に登場する青年も過労自殺です。労働安全衛生法により使用者は働く者の安全と健康を確保する義務があり、それを怠って死に至らしめたら、自殺であっても会社に責任があるという説明を入れると、皆さん頷いて聞いておられます。

――過労死などを防ぐために大切なことは何だとお考えですか？

福車　過労死などについては、労働組合にも大きな責任があります。労働組合がしっかり機能していれば過労死などは減るでしょうし、労働基準法を守っていれば過労死など起こりえません。この落語では、過労死などに至る原因になる、年次有給休暇取得などの問題を扱っています。たとえば、労働基準法で使用者に認められている「有給休暇の時季変更権※」は、「業務に支障」ではなく「事業の正常な運営を妨げる」、つまり会社の維持存続が不可能なほど重大な影響を与える場合にのみ行使できるので、「業務の支障」ではダメです。

わかりやすく説明するために、私はよく好きなプロ野球を例に出します。阪神タイガースが優勝目前の大事な試合で、主力選手の誰かが家族を東京ディズニーランドに連れて行きたいので休ませてほしいと言えば、監督は怒るでしょう。そんな特別重大な事情のあるとき以外は、いつでも年次有給休暇は取得できるのです。そもそも休まれて業務に支障をきたすというのは、当たり前のことです。支障が出ないというのは、その会社にとってその人は必要ないということですから。

たとえ業務に多少の支障が生じたとしても、年次有給休暇の取得は労働者の当然の権利ですから、会社は業務に支障が出ないような措置をとらないといけないのです。このような内容を落語の中に盛り込んでいくと、とても納得して聞いていただけます。

――最後に、落語を通じて世の中にメッセージを伝えることにはどんな意味があると思いますか？

福車　いくら高名な人が話をしても、聞いていた人が帰っても覚えていることはせいぜい二つか三つではないでしょうか。しかし、過労死などの原因や労働基準法など重い内容でも落語にすると、わかりやすいので印象に残ると思いますし、前提の知識がなくても興味が持てるようになります。楽しみながら勉強にもなるはずです。

共鳴とか感激とかは、理屈ではなく文化の成せる力。理性は人の対立を招くことがありますが、文化は意見の違う方を団結させる力があります。そのような文化力を活用しながら、多くの方にメッセージを伝えていきたいと考えています。

※「有給休暇の時季変更権」とは、従業員の有給休暇の取得を認めることで、事業の正常な運営が妨げられる可能性がある場合、会社は別の日に取得するように求めることができます。ただし、時季変更権を行使するための条件は極めて限定されています。

（厚生労働省編集協力、㈱日本医療企画発行『厚生労働』２０１７年11月号所収）

あとがき

小林康二

一、なぜ過労死が多発するのか

組合専従時代にドイツの労働組合を訪問し、幹部たちと交流したことがある。その時、彼らに「ドイツ労働者の有給休暇の取得率は？」と質《ただ》したところ、「質問の意味が分からない」と言うのだ。「ドイツでは、全労働者が有給休暇を完全消化し、1日でも残す者はいない。だから質問の意味が分からない」と。

帰国後、ヨーロッパの権利について少し調べた。ヨーロッパには「自らの権利を放棄する者は、他人の権利を侵害する」との格言があり、イタリアでは憲法36条で労働者に週の休息及び年次休暇を保障するだけでなく、「この権利は、放棄することができない」と定めている。

キリスト教の教えでは、アダムとイブが神の掟に逆らって禁断の果実を口にしたことを怒った神が、人間に課した罰が労働で、ヨーロッパは「労働は苦役」とされており、有給休暇を残したり、サービス残業する労働者は皆無だ。

一方、我が国では徳川幕府が国学に朱子学を取り入れて以来、忠君思想と勤勉を美徳と教えてきた。この価値観は明治以降も引き継がれ、我々の親世代は小学生から〝万一危急の大事が起こったならば、大義に基づいて勇気をふるい、一身を捧げて皇室国家のためにつくせ。……それが祖先ののこした美風である。……我が国はもとより外国においても正しい道だ〟とする教育勅語を教えられ、小学校上級生は全文暗記させられて、「国家忠誠」「滅私奉公」を最高の美徳と信じてきた。このように、我が国には労働者を長時間労働に駆り立てる文化的温床が長年にわたって培われてきた。

戦後、新憲法制定にあたり戦前の無権利労働を反省し、25条で「健康で文化的な最低限度の生活」を保障し、27条で「勤労条件は法律でこれを定める」とその悪化を防ぎ、28条で労働三権を明記し労働者の健康で文化的な生活への道を示した。にもかかわらず、過労死は無くならない。それどころか近年は高止まり状態が続き、若年労働者の過労死が急増している。

最大の理由は、使用者が労働者に対する安全配慮義務を怠っていることにある。36協定を超える時間外労働を強制してタイムカードを改ざんさせ、入社1年の女性労働者を過労自殺に追いこんだ広告業界最大手の電通は「（仕事に）取り組んだら殺されても放すな」を社訓に、労働者を長時間労働に駆り立てた。大手飲食チェーン店のワタミは社内誌で社長訓示「３６５日24時間死ぬまで働け」と檄《げき》を飛ばし、労働者を過労自殺させている。２０１３年７月に長時間労働で過労死した元ＮＨＫ女性記者（当時31歳）の両親は「ＮＨＫは娘が過労死した背景と責任を未だに検証していない」と、経営陣の無責任体質に憤る。大手電機メーカーの三菱電機では長時間労働が原因で、この４年間に20代〜40歳代の労働者５人が過労死・精神障害・脳疾患で労災認定されている。過労死がこれほど社会問題化し企業責任が厳しく問われているこの時代においてだ。

滅私奉公や長時間労働を美とする文化が社会的風土として残る企業社会において、それは労働者の権利侵害と一対で「社風」となって定着する。

まして、先の国会で導入された「高度プロフェッショナル制度」は、労働時間規制を廃止し実働時間の記録を残さなくてもよい法律で、〝賃金、就業時間等、勤労条件は法律で定める〟とした憲法27条違反だ。この法の下では、実際は長時間労働で過労死が増えていても、働いた記録がなく、統計上は「減った」ことになりかねない。よほど悪知恵の働く人間が「過労死完全犯罪」を狙った天下の悪法だ。それだけに、過労死を使用者の良心に期待していては無くならない。

我が国で過労死が多発するもう一つの要因は、労働組合にある。日本の労働組合は企業内組合で、組合があまりにも会社の損益を重視し、それに運動が左右され、労働者の権利を守る取り組みが不十分である。その結果、組合が存在する企業においても過労死が後を絶たない。組合が、36協定が職場で厳守されているか、サービス労働が放置されていないか、有給休暇がきっちり取得されているか等々、組合がその第一義的課題である労働安全衛生活動を真剣に取り組んでいれば、電通、三菱電機、ＮＨＫ等の過労死は防げた。多くの組合が過労死の共同責任を負うべき立場にあり、この問題に警鐘をこめた落語が、笑福亭松枝《しょうし》さん演ずる「ケンちゃんの夢」である。

加えて私は「過労死ライン以上か以下か」で、時間外労働を規制する考え方に反対だ。過労死ライン以下でも過労死は発生している。それを法律で過労死ラインを一ケ月一〇〇時間未満で、規定すると、それ以下で過労死した労働者は労災認定がされにくくなる。

こうした前時代的視点でなく、憲法25条の「健康で文化的な生活」に必要な労働時間の視点から、ナショナルセンターが労働時間規制を求めて闘わないと、我が国のような企業主義社会から過労死を一掃することはできない。

二、過労死落語「エンマの願い」

まだ笑工房を立ち上げて間もない20年程前のことだ、「労働基準法を厳守させれば過労死は減らせるはずだ。それを落語で面白く分かり易く伝えることはできないか」。過労死弁護団の岩城《いわき》穣《ゆたか》弁護士から相談を受けた。

率直に言って私は無理だと思った。所詮《しょせん》、落語は笑話芸である。聴衆は「笑いたい」「笑わせてほしい」と期待して落語を聞きに来る。それを人生最大の悲劇である肉親の死を落語で表現するなど「水に油だ」。しかも、「当日はたくさんの家族が参加する。過労死した労働者を笑い者にする噺《はなし》は禁句だ」と言うのだ。これでは落語は無理だと思った。だが、「労働基準法のさわりを面白く分かり易く」する噺なら「何とかできる」。そんな思いで岩城弁護士と打ち合せを重ねて作った落語が「エンマの願い」（最初のタイトルは「エンマの怒り」）だ。

私がこの依頼を引き受けた背景に、上方落語界屈指の名手として知られる桂福団治さん門下で芸歴20年の桂福車さんがいた。彼と私はそれ以前に、落語作家を志す若者と、作家を育てて新作を創らせたいプロ落語家のサークル「いちばん搾り」に籍を置いていた。そこで私が最初に書いた落語「麻呂と看守」を演じたのが福車さんだった。

その直後、私の組合専従職時代の友人から「労基法が改正され、裁量労働が導入される。学習会を開いても難しくて……。これを分かり易く落語で解説できないか」の相談があり、作った落語「労働法が危ない」を福車さんが演じ好評を博した。

福車さんは落語家になる前、郵政労働者で組合運動の経験が少しあった。それだけに労働問題は理解が早く、私が書いた労働落語はほとんどを福車さんが演じた。「福車なら何とかしてくれる」の安心感があった。案の定いい作品に仕上げてくれた。そんなこともあって過労死落語「エンマの怒り」を引き受けた。

念のために付言するが、落語家は決して作家の書いた台本通りには演じない。自分が演じ易いように作り替える。苦労して書き上げた台本が落語家に換骨奪胎されボロボロになって、悔しい思いをした作家も多い。逆に中途半端な台本であっても落語家の手で名作に生まれ変る場合もあり、作家と落語家は戦友であるが、同時に永遠の敵でもある。

それだけに、作家は自作が「誰に演じられるか」を気にする。その点、福車さんは「いちばん搾り」でもピカイチで、自ら「新作の福車」を自任していた。彼は何よりも作品の骨格を重視し私とは馬が合い、笑工房の設立にあたって私はまず彼に声をかけた。

ところで、私の書いた「エンマの怒り」だが、台本では主人公が二人いた。一人は過労自殺する独身男性。もう一人は椿本精工《つばきもとせいこう》で過労死した平岡悟《さとる》係長をモデルにした管理職の男性。当時は若年労働者の過労死が今日ほど多くなく、また、当日来場する遺族の多くは夫を亡くした妻だと聞き、その方々に訴えるべく主として平岡係長をモデルに何回も書き直し、やっと出来たのが「エンマの怒り」だ。

それが、当日の福車さんは平岡事件部分を全部カットし、若年労働者の過労自殺だけの噺にしているのだ。怒り心頭だ……。ところが、これが大うけしている。しかも若い亡者が浄玻璃《じょうはり》の鏡に写し出された母親の姿を見て自殺を後悔するシーンに、客が次つぎと泣きだした。それを高座から見ていた福車さんまで嗚咽《おえつ》して噺が止まってしまった。最後尾に座していた私は立ち上がって「噺を前へ、前へ」と合図するが、涙を拭く福車さんにはそれが見えない。落語家が自分の演じた落語にもらい泣きして噺が止まる光景を見たのはこれが初めてだ。この時ばかりは「落語の力はすごい」と実感した。

終演後、何人かの家族が福車さんの手を握り謝意を伝えた。こうなると、カットされた平岡事件について不満や抗議や恨みを言う余地がない。この日の怒りを言えないまま福車さんとは永遠の別れとなってしまった。

31年間、労働組合専従職にあった私が、58歳で権力に抗い庶民を励ます笑集団＝笑工房を立ち上げて20年。笑いは事態の本質を平易端的に表現して人々を元気づける。厳しい情勢下には笑いが一番だと実感している。

三、文化のもつ力

「ああ、おとうとよ、君を泣く、君死にたまふことなかれ、
末に生《うま》れし君なれば　親のなさけはまさりしも、
親は刃《やいば》をにぎらせて　人を殺せとおしえしや、
人を殺して死ねよとて　二十四までをそだてしや……」

若干26歳の与謝野晶子が、出兵した弟に「君、死にたもうことなかれ」を詠んだのは１９０４年。当時、わが国は日露戦争の最中にあって、国民の耳目はロシアが支配する遼《りょう》東《とう》半島旅順《りょじゅん》の奪取戦争に注がれていた。その時代に、晶子は「旅順の城はほろぶとも、ほろびずとても、何事ぞ」「君、死にたまふことなかれ」を著したのだ。

当時はまだ大正デモクラシーがかすかに息をしていた。しかしその後、25年に治安維持法が制定され、28年3月と翌年4月の日本共産党大弾圧に始まり、「危険分子」と思しき者は次々と逮捕投獄され、逮捕後の拷問による虐殺や獄死者などを含めた思想犯の犠牲者は、五〇〇人以上にのぼる。また5・15事件（32年）、2・26事件（36年）をはじめ、一部

青年将校らによる政治家暗殺があいつぎ、国民は自由にモノが言えなくなり日本は戦争へと一直線に突き進んだ。

いつの時代も、権力に媚《こ》びることは容易だが、抗すれば災いが及ぶ。吹き荒れる弾圧下、知識人、文化人、政治家もマスコミも節を曲げ、膝を屈し、ペンを折り戦争讃美へ雪崩をうった。

人間は理性と感性で動く、理性に働きかける理論は異論を生むが、感性に訴える文化は万人を感動させ、団結させる力を持つ。だが、それは使う者によって差別、排外、分断、反動にも利用される。戦前の天皇制政府は国民の戦意高揚へ文化を総動員した。これに逆らって「アカ」のレッテルを貼られることを恐れた知識人・文化人はこぞって権力に媚びた。

あの晶子も、四男の出征に当たり「水軍の　大尉となりて　わが四郎　み軍《いくさ》にゆく　たけく戦へ」等、戦争を美化し鼓舞する歌人へと流されていった。

映画「万引き家族」でカンヌ国際映画祭最高賞を受賞した是枝裕和《これえだひろかず》監督は、そんな歴史を知るだけに、林芳正文部科学大臣（当時）の「謝意」に、「映画がかつて『国益』や『国策』と一体化し、大きな不幸を招いた過去の反省に立つならば……公権力とは潔く距離を保つというのが正しい振る舞い」とこれを拒絶した。

権力に臆せず庶民を励ます笑い！　これが笑工房設立の主旨である。きっと思いは是枝監督と共通しているはずだと、独りよがりな想像をしているのだが……。

話は変わるが、私は20代、30代の十数人に「あなたは新聞を購読していますか」と尋ねた。全員が「ニュースはスマホで……」「パソコンで」と答え、新聞購読者はゼロだった。この話を新聞代の集金人にすると、即座に「そうです。新聞を読んでいるのは、60代、70代、新聞は斜陽産業です」と言い放った。自民党の麻生太郎副総理は「10代、20代、30代は一番新聞を読まない世代だ。新聞を読まない人は全部自民党だ。新聞を取るのに協力しないが良い。つくづくそう思う」と高笑いした。いずれにしても、国民が文字離れして情報をスマホ・パソコンで得る時代だ。それだけに、今は文化力を見直すルネッサンスが必要な時だと私は思うのだが。

最後に、本書は桂福車さんの落語「エンマの願い」を観た毎日新聞の松井宏員《ひろかず》夕刊編集長（関西版）が、2年にわたる取材で書き上げた渾身のルポ記事が主体である。同時に故桂福車さんの思いのこもった書でもある。本書を通じて笑いに託した私たちの思いをご理解いただけたと思う。福車さんのご遺族と共に、長期間掲載を続けて頂いた松井編集長と毎日新聞社、そして連載をご覧になり本書出版にご尽力を賜った新日本出版社田所稔社長に心から感謝を申し上げたい。

多分、涙もろい福車さんのことだ、今ごろは浄玻璃の鏡を見て泣いて喜んでいると思う。

いたるところから権力に媚びず庶民を励ます文化の花開くことを願って。

（こばやし・やすじ　落語作家、励ましの笑いを全国に届ける「笑工房《しょうこうぼう》」代表）

桂 福車（かつら ふくしゃ）
1961 年、大阪市生まれ。落語家。2018 年死去。

松井宏員（まつい ひろかず）
1964 年、和歌山県生まれ。毎日新聞夕刊編集長。
1986 年毎日新聞社入社。2009 年から現職。長期連載「わが町にも歴史あり—知られざる大阪」で 2014 年、坂田記念ジャーナリズム賞を受賞。著書に「大阪酪町八十八カ所—立ち飲み三銃士と行く」など。

過労死落語《かろうしらくご》を知《し》ってますか

2018 年 11 月 20 日　初　版

著　者　桂　福車
　　　　松井宏員
発行者　田所　稔

郵便番号　151-0051　東京都渋谷区千駄ヶ谷 4-25-6
発行所　株式会社　新日本出版社
電話　03（3423）8402（営業）
　　　03（3423）9323（編集）
info@shinnihon-net.co.jp
www.shinnihon-net.co.jp
振替番号　00130-0-13681

印刷・製本　光陽メディア

落丁・乱丁がありましたらおとりかえいたします。

ISBN978-4-406-06293-0 C0036　Printed in Japan